2014 职（执）业资格考试辅导丛书

公路工程监理工程师考试辅导用书

Hetong Guanli Moni Lianxi yu Tijie

《合同管理》模拟练习与题解

李治平　主编

人民交通出版社股份有限公司

内 容 提 要

本书为公路工程监理工程师考试辅导用书之一，包括专项练习和模拟试卷，试题严格按照考试大纲要求的各知识点，结合历年考试真题编写，每道题均配有参考答案和详细的解析。

本书可供参加公路工程监理工程师过渡考试的人员复习参考。

图书在版编目（CIP）数据

《合同管理》模拟练习与题解 / 李治平主编. —北京：人民交通出版社股份有限公司，2014. 8

公路工程监理工程师考试辅导用书

ISBN 978-7-114-11625-4

Ⅰ. ①合… Ⅱ. ①李… Ⅲ. ①道路工程－经济合同－管理－资格考试－题解 Ⅳ. ①U415. 1-44

中国版本图书馆 CIP 数据核字（2014）第 182279 号

公路工程监理工程师考试辅导用书

书　　名：《合同管理》模拟练习与题解

著 作 者：李治平

责任编辑：刘永超　黎小东

出版发行：人民交通出版社股份有限公司

地　　址：（100011）北京市朝阳区安定门外外馆斜街 3 号

网　　址：http：//www. ccpress. com. cn

销售电话：（010）59757973

总 经 销：人民交通出版社股份有限公司发行部

经　　销：各地新华书店

印　　刷：大厂回族自治县正兴印务有限公司

开　　本：787 × 1092　1/16

印　　张：11. 75

字　　数：265 千

版　　次：2014 年 8 月　第 1 版

印　　次：2019 年 6 月　第 2 次印刷

书　　号：ISBN 978-7-114-11625-4

定　　价：29. 00 元

前　言

为了规范公路工程监理工程师管理，提高公路工程监理队伍的整体素质，交通运输部（原交通部）自2004年开始组织实施公路工程监理工程师考试。

为满足广大考生复习备考的需要，我们依据交通运输部最新颁布的《交通运输部公路水运工程监理工程师过渡考试大纲》（以下简称考试大纲）和《公路工程监理培训用书》（以下简称培训用书），参考近几年的考试真题中各知识点的分值分布情况，结合主编的教学及培训工作经验，编写了《＜合同管理＞模拟练习与题解》这本考试辅导用书。本书紧扣考试大纲各考点，编制了有针对性的模拟练习题，通过各考点的专项习题训练，使考生能够对各考点相关内容加深记忆和理解，达到“以练促学”的目的。同时，本书针对每道题都编制了较为详细的试题解析，内容依据培训用书和公路工程监理相关标准规范及法规文件，力求涵盖全部考试内容，考生可结合试题解析对易错点和重点、难点内容进行更加有针对性的复习。

本书由长安大学李治平主编。由于编者水平有限，加之时间较为仓促，本书在编写过程中虽经数次推敲核证，但难免有疏漏或不妥之处，恳请广大读者批评指正，以便我们修订再版时完善，如有问题或有建议，请与主编联系（手机18191329366或18591880967；Email：lizp1962@126.com）。

最后真诚祝愿使用本书的各位考生能顺利通过考试！

编　者

2014年8月

目　录

第一部分　专项练习题

第二部分　专项练习题参考答案与解析

第三部分　模 拟 试 卷

第四部分　模拟试卷参考答案与解析

第一部分　专项练习题

考点1　法律基础知识

一、单项选择题

1. 甲、乙双方依法订立建设工程合同的行为是一种（　　）行为。

A. 法律　　B. 商业

C. 经济　　D. 经营

2. 第三人明知代理人的行为属于没有代理权、超越代理权、代理权终止后的代理，但仍与代理人签订合同，对他人造成损失时，该第三人要负法律上的（　　）责任。

A. 道义的责任　　B. 连带责任

C. 主要责任　　D. 不承担责任

3. 建设工程施工合同法律关系的客体是（　　）。

A. 物　　B. 行为

C. 财　　D. 智力成果

4. 法律关系的主体是指（　　）。

A. 法律关系中当事人的权利和义务　　B. 法律关系的当事人

C. 权利义务所共同指向的事或物　　D. 国家颁布的法律、法规

二、多项选择题

1. 下列有关合同与法律关系的表述中，正确的有（　　）。

A. 合同是一种法律手段

B. 合同是一种具有强制力的法律规范

C. 合同关系实际上是一种法律关系

D. 订立合同是一种法律行为

E. 合同的效力是以服从法律为前提的

2. 代理活动是一种民事法律行为，其法律特征有（　　）。

A. 代理人必须在代理权限内实施代理行为

B. 代理人以被代理人的名义实施代理行为

C. 代理人在被代理人的授权范围内独立地表现自己的意志

D. 被代理人对代理人的行为承担民事责任

E. 代理人须与被代理人协商才能进行代理

3. 按代理权产生的依据不同，可将代理分为（　　）。

A. 委托代理　　B. 间接代理

C. 法定代理　　D. 直接代理

E. 指定代理

4. 对于无权代理而言，被代理人享有的权利包括（　　）。

A. 代位权　　B. 追认权

C. 撤销权　　D. 拒绝权

E. 抗辩权

5. 合同法律关系的构成要素是（　　）。

A. 主体　　B. 事件

C. 客体　　D. 内容

E. 行为

6. 合同法律关系的客体包括（　　）。

A. 建筑物　　B. 货币

C. 发明专利　　D. 毒品

E. 行为

7. 合同标的是双方当事人的权利义务共同所指的对象，一般包括（　　）。

A. 建筑物　　B. 工程量

C. 劳务行为　　D. 建设资金

E. 工资表

三、判断题

1. 当事人订立合同的目的是设立、变更、终止一定的民事法律关系。（　　）

2. 劳动合同、行政合同、建设工程合同等均适用于《合同法》的有关规定。（　　）

3. 代理就是代理人以被代理人的名义，在授权范围内向第三人作出意思表示或接受第三人的意思表示，所产生的权利和义务关系由代理人承担的法律行为。（　　）

4. 因委托授权不明给第三人造成损失的，被代理人应当向第三人承担民事责任，代理人不负任何责任。（　　）

5. 合同法律关系是由主体、客体、标的物三个要素构成的。（　　）

6. 合同法律关系的主体就是指在合同履行中享有权利的一方当事人。（　　）

7. 合同法律关系的内容就是合同的内容。（　　）

四、综合分析题

1. 某路桥公司总经理张某委托公司生产经营部部长王某代表公司参加某公路工程施工投标，并签订施工合同。在施工单位提交的投标文件中没有法定代表人签发的委托授权书。

试根据上述背景材料回答以下问题：

（1）王某代表公司参加某公路工程施工投标的行为是否属于代理行为？如果属于代理，

那么属于哪一种类型的代理？

（2）简要说明委托代理成立所必须具备的条件有哪些。

（3）如果王某代表公司参加某公路工程施工投标的行为是属于代理，请分析该代理是否属于无权代理，并说明原因。

2. 某公路工程施工项目通过公开招标方式选择施工单位，中标单位北方路桥公司委派项目经理张三与建设单位总经理李四谈判并签订了施工合同，该合同经公证机构公证有效。同时建设单位委托诚信监理有限公司承担该工程项目的施工监理工作，并已与之签订了监理合同。在该工程项目施工初期，经监理工程师审查，并报发包人同意，北方路桥公司将其承建工程的一部分分包给光明建筑公司，并与之签订了分包合同。试根据上述背景材料解答以下问题：

（1）什么是合同法律关系？上述背景材料中所涉及的合同法律关系有哪些？请作简要分析。

（2）请说明合同法律关系的构成要素。试说明上述施工合同法律关系中的构成三要素各是什么。

（3）请说明法人应具备的条件。

（4）请说明在该施工合同订立的过程中，张三与李四的法定身份各是什么。

考点2　合　同　法

一、单项选择题

1. 根据《合同法》的规定，建设工程合同应当采用（　　）。

A. 口头形式　　B. 书面形式

C. 默示形式　　D. 推定形式

2. 下列合同中，不属于建设工程合同的是（　　）。

A. 监理合同　　B. 施工合同

C. 勘察合同　　D. 设计合同

3. 在公路工程施工合同履行过程中，建设单位对施工单位施工质量不合格的工程不予以计量支付，这一行为是行使（　　）。

A. 一般抗辩权　　B. 同时履行抗辩权

C. 不安抗辩权　　D. 先履行抗辩权

4. 根据合同法规定，撤销权自债权人知道或者应当知道撤销事由之日起 1 年内行使，但自撤销事由发生之日起（　　）年内没有行使撤销权的，该撤销权消灭。

A. 2　　B. 3

C. 4　　D. 5

5. 在某合同履行中，某甲是某乙的债务人。在合同履行过程中的某天，某甲将自己的房产无偿转让给某丙，则（　　）。

A. 某乙可以对某甲的行为行使撤销权

B. 如果某甲的行为对某乙的债权产生了损害，则在某乙知道该行为发生之日起 2 年内可以行使撤销权

C. 如果某甲的行为对某乙的债权产生了损害，则在某乙知道该行为发生之日起 1 年内可以行使撤销权

D. 如果某甲的行为对某乙的债权产生了损害，则在某乙知道该行为发生之日起 5 年内可以行使撤销权

6. 按照《合同法》规定，合同的订立必须经过（　　）两个阶段。

A. 提议和答复　　B. 要约和承诺

C. 提议和谈判　　D. 协商和确定

7. 根据《合同法》的规定，下列变更中，构成新要约的是（　　）。

A. 要约确认方式　　B. 承诺生效地点

C. 合同履行地点　　D. 合同文件寄送方式

8. 根据《合同法》的规定，下列情况中，承诺有效的是（　　）。

A. 承诺对要约的内容作出了实质性变更

B. 撤回承诺的通知与承诺同时到达要约人

C. 受要约人超过承诺期限发出承诺

D. 承诺被延误，要约人未及时通知受要约人

9. 建设工程实行监理的，发包人应当与监理人采用（　　）形式订立委托监理合同。

A. 口头　　B. 书面

C. 推定　　D. 默示

10.《合同法》规定，建设工程合同中没有规定的，适用（　　）的有关规定。

A. 买卖合同　　B. 技术合同

C. 承揽合同　　D. 委托合同

11. 建设单位与施工单位欲签订一份建设工程施工合同，建设单位签字盖章后邮寄给施工单位签字盖章。该合同成立的时间应为（　　）。

A. 建设单位签字盖章时

B. 施工单位收到建设单位签字盖章的合同时

C. 施工单位签字盖章时

D. 建设单位、施工单位就合同内容达成合意时

12. 如果法律和当事人双方对合同的形式、程序均没有特殊要求时，（　　）时合同成立。

A. 要约生效　　B. 双方当事人签字或者盖章

C. 承诺生效　　D. 附生效期限的合同期限届至

13. 根据我国法律规定，无效合同的确认权属于（　　）。

A. 法院或仲裁机构　　B. 合同当事人

C. 公证机构　　D. 工商行政管理机关

14. 根据《合同法》的规定，因重大误解所订立的合同应属于（　　）。

A. 无效合同　　B. 有效合同

C. 可撤销合同　　D. 效力待定合同

15. 按照有关法律规定，无效合同从（　　）起就没有法律效力。

A. 订立之时　　B. 被确认为无效合同之时

C. 返还财产之时　　D. 追缴财产

16. 合同中有关（　　）的条款的效力具有相对独立性，不受合同无效、被撤销或者终止的影响。

A. 违约责任　　B. 解决争议方法

C. 价款或报酬　　D. 数量和质量

17. 根据《合同法》的规定，合同的撤销权应由（　　）行使。

A. 人民法院　　B. 仲裁机构

C. 合同当事人　　D. 人民法院或者仲裁机构

18. 法定代表人在越权的情况下所签订的合同属于（　　）。

A. 无效合同　　B. 有效合同

C. 可撤销合同　　D. 效力待定合同

19. 无权代理人所签订的合同应当属于（　　）。

A. 无效合同　　B. 有效合同

C. 可撤销合同　　D. 效力待定合同

20. 下列关于定金合同与主合同之间关系的表述中，正确的是（　　）。

A. 如主合同有效，定金合同必有效

B. 如主合同无效，定金合同必无效

C. 如定金合同无效，主合同必无效

D. 如定金合同有效，主合同必有效

21. 建设单位与设计单位就某工程项目的设计签订了设计合同，合同价格为200万元。根据有关规定，该设计合同采用定金担保，设计单位已经接受建设单位交付的定金。合同生效后，设计单位无任何正当理由，不履行合同规定的设计任务，则建设单位有权要求设计单位返还的金额是（　　）万元。

A. 80　　B. 100

C. 160　　D. 200

22. 在订立合同过程中，一方故意隐瞒与订立合同有关的重要事实，给对方造成损失的，应承担（　　）责任。

A. 违约赔偿　　B. 风险损害赔偿

C. 缔约过失　　D. 双倍返还定金

23. 合同公证的主要依据是（　　），这是自愿原则的体现。

A. 公证协议　　B. 法律规定

C. 合同规定　　D. 当事人的申请

24. 《合同法》规定，因不可抗力不能履行合同的，根据不可抗力的影响，（　　）。

A. 部分免除责任

B. 由债权人自行决定是否免除债务人的责任

C. 全部免除责任

D. 部分或者全部免除责任

25. 下列有关建设工程合同的表述中，不正确的是（　　）。

A. 建设工程合同包括工程勘察、设计、施工合同

B. 建设工程合同应当采用口头形式或者书面形式

C. 禁止承包单位将工程分包给不具备相应资质条件的单位

D. 建设工程主体结构的施工必须由承包单位自行完成

26. 当事人对合同条款的理解有争议的，应当按照合同所使用的词句、合同的有关条款、合同的目的、交易习惯以及（　　）原则，确定该条款的真实意思。

A. 合法
B. 自愿
C. 公平
D. 诚实信用

27. 依据《合同法》的规定，当事人一方可以解除合同的情况为（　　）。

A. 不可抗力发生
B. 当事人一方迟延履行主要债务
C. 当事人一方有违约行为
D. 在履行期限届满之前，当事人一方以自己的行为表明不履行主要债务

28. 依据合同法的规定，执行政府定价或者政府指导价的合同，合同当事人一方逾期接收货物时，遇价格上涨，应（　　）。

A. 按原价格执行
B. 按新价格执行
C. 按市场价执行
D. 按原价和新价的平均价执行

29. 依据《合同法》规定，合同当事人一方违约时，其承担违约责任的首选方式是（　　）。

A. 继续履行
B. 赔偿损失
C. 支付违约金
D. 采取补救措施

30. 当事人在合同中既约定违约金，又约定定金的，当一方违约时，另一方可选择适用（　　）的条款。

A. 先采用违约金，再采用定金
B. 同时采用定金和违约金
C. 先采用定金，再采用违约金
D. 违约金或者定金

31. 公路工程施工合同在履行的过程中发生了合同争议，该争议应首先通过（　　）解决。

A. 调解
B. 和解
C. 仲裁
D. 诉讼

32. 合同当事人在合同中未约定争议解决的方法，而且在争议发生后又未能达成解决争议的补充协议时，则该争议的解决可采取下列方式中的（　　）。

A. 只能仲裁
B. 只能诉讼
C. 仲裁或诉讼
D. 先仲裁，对仲裁结果不满意时可提起诉讼

二、多项选择题

1. 根据合同效力的不同，合同可分为（　　）。

A. 有效合同
B. 无效合同
C. 可撤销合同
D. 不可撤销合同
E. 附条件合同

2. 下列合同中，与施工合同有主从关系的有（　　）。

A. 工程勘察合同　　B. 工程保险合同

C. 履约担保合同　　D. 施工监理合同

E. 工程设计合同

3. 下列有关格式条款的表述中，正确的有（　　）。

A. 格式条款就是指由当事人双方通过协商，按照规定的格式所订立的合同条款

B. 提供格式条款的一方应当遵守公平原则，确定当事人之间的权利和义务

C. 对格式条款有两种以上解释的，应作出不利于提供格式条款一方的解释

D. 格式条款与非格式条款不一致的，应当采用非格式条款

E. 格式条款具有免除提供格式条款一方责任，加重对方责任，排除对方主要权利等情形的，该条款无效

4. 《合同法》中规定的合同履行中的抗辩权包括（　　）。

A. 先履行抗辩权　　B. 后履行抗辩权

C. 同时履行抗辩权　　D. 不安抗辩权

E. 主动抗辩权

5. 根据《合同法》的规定，应当先履行债务的当事人，有确切证据证明对方有下列（　　）情形之一的，可以暂时停止履行其义务。

A. 经营状况严重恶化　　B. 转移财产、抽逃资金，以逃避债务

C. 丧失商业信誉　　D. 履行合同不符合约定

E. 有丧失或者可能丧失履行债务能力的其他情形

6. 合同依法生效后，债权人为了确保其债权的实现，可以采取（　　）等法律措施。

A. 抗辩权　　B. 变更权

C. 撤销权　　D. 代位权

E. 解除权

7. 依据《合同法》的有关规定，下列情形中，要约不得撤销的有（　　）。

A. 要约人明确表示要约不可撤销

B. 受要约人有理由认为要约不可撤销

C. 要约人确定了承诺期限

D. 受要约人为履行合同作了准备工作

E. 受要约人有理由认为要约不可撤销，并已经为履行合同作了准备工作

8. 下列关于招标投标行为法律特征的描述中，正确的有（　　）。

A. 施工招标的行为属于要约

B. 招标人发出中标通知书的行为属于承诺

C. 承包人递交投标文件的行为属于要约

D. 施工投标的行为属于承诺

E. 发布招标公告属于要约邀请

9. 根据《合同法》的规定，下列情形中，可导致合同终止的情形有（　　）。
A. 债务已经按照约定履行
B. 债务相互抵销
C. 债权人免除债务
D. 债权人行使代位权
E. 债务人依法将标的物提存

10. 依据《合同法》的规定，合同的权利义务终止，不影响合同中（　　）的效力。
A. 清理条款
B. 结算条款
C. 解决争议方法条款
D. 违约责任条款
E. 风险条款

11. 下列合同，属于建设工程合同的有（　　）。
A. 工程勘察合同
B. 工程设计合同
C. 工程施工合同
D. 工程监理合同
E. 工程设备采购合同

12. 根据《合同法》规定，下列选项中，属于施工合同内容的有（　　）。
A. 工程范围、建设工期
B. 中间交工工程的开工和竣工时间
C. 材料和设备供应责任
D. 拨款和结算、竣工验收
E. 双方相互协作

13. 下列选项中，属于合同成立条件的有（　　）。
A. 合同的内容合法、真实
B. 必须具有两个或两个以上的合同当事人
C. 合同的订立须经过要约和承诺两个阶段
D. 合同当事人须对合同的主要条款达成合意
E. 合同当事人具有相应的民事行为能力

14. 下列有关合同生效条件的表述中，正确的是（　　）。
A. 当事人的意思表示真实
B. 合同订立的程序和形式符合要求
C. 合同订立必须经过要约和承诺两个阶段
D. 合同当事人具有相应的民事权利能力和民事行为能力
E. 合同内容不违反法律、行政法规的强制性规定，不损害社会公共利益

15. 下列选项中，属于《合同法》规定的合同应具备的主要条款有（　　）。
A. 当事人的名称或者姓名和住所
B. 数量和质量
C. 履行期限、地点和方式
D. 当事人的资格与财务状况
E. 违约责任和解决争议的方法

16. 根据《合同法》的规定，下列合同中属于可撤销合同的有（　　）。
A. 以欺诈、胁迫的手段订立的，损害国家利益的合同
B. 因重大误解订立的合同
C. 显失公平的合同

D. 以欺诈、胁迫的手段，使对方在违背真实意思的情况下订立的合同

E. 违反法律、法规中的强制性规定的合同

17. 某甲与某劳务公司订立了一份带有显失公平条款的劳务合同，则该合同可能的法律后果有（　　）。

A. 被撤销　　B. 被变更

C. 该合同无效　　D. 该合同视为没有签订

E. 如果某甲愿意按照该合同履约，该合同有效

18. 根据《合同法》的规定，效力待定合同包括（　　）的合同。

A. 损害集体利益　　B. 无代理权人以他人名义订立

C. 一方以胁迫的手段订立　　D. 无处分权的人处分他人财产

E. 损害社会公共利益

19. 我国《担保法》规定的合同担保的形式有（　　）。

A. 质押　　B. 抵押

C. 暂定金　　D. 预付款

E. 留置

20. 下列合同担保方式中，不是由主合同双方当事人之外的第三人作为担保人的担保方式有（　　）。

A. 保证　　B. 抵押

C. 质押　　D. 留置

E. 定金

21. 根据《合同法》的规定，当事人应承担缔约过失责任情形的有（　　）。

A. 假借订立合同，恶意进行磋商

B. 故意隐瞒与订立合同有关的重要事实

C. 故意提供与订立合同有关的虚假情况

D. 泄漏或者不当使用商业秘密

E. 当事人不履行合同义务

22. 顺通开发公司谎称自己有工程要发包，邀请5家建筑公司来投标。这5家建筑公司经过认真准备都参加了投标，在所谓的“评标”之后，大家才知道真相，则（　　）。

A. 顺通开发公司应当承担违约责任

B. 顺通开发公司应当承担缔约过失责任

C. 如果这5家建筑公司没有实际损失，则顺通开发公司不承担缔约过失责任

D. 如果这5家建筑公司没有实际损失，则顺通开发公司不承担违约责任

E. 顺通开发公司要赔偿这5家建筑公司基于信赖有工程要发包而发生的损失

23. 下列有关合同公证与鉴证不同点的表述中，正确的有（　　）。

A. 目的不同　　B. 性质不同

C. 法律依据不同　　D. 效力不同

E. 效力的适用范围不同

24. 下列条件中，属于合同生效应当具备的条件有（　　）。

A. 当事人具有相应的民事行为能力　B. 当事人的意思表示真实

C. 不违反法律，不损害社会公共利益　D. 具备法律所要求的形式

E. 合同已经过公证或者鉴证

25. 不可抗力是指当事人无法抗拒的外界力量，其特点包括（　　）。

A. 事先不能预见　B. 发生不可控制

C. 损失不可避免　D. 事后不可弥补

E. 发生在合同签订前

26. 不可抗力发生后，不能履行合同义务的一方当事人所承担的义务主要有（　　）。

A. 及时通知对方　B. 采取补救措施

C. 继续履行合同　D. 在合理期限内提供证据

E. 承担违约责任

27. 合同履行的原则有（　　）。

A. 全面履行的原则　B. 维护当事人合法权益的原则

C. 诚实信用的原则　D. 公平合理、促进合同履行的原则

E. 不得擅自变更合同的原则

28. 合同订立的原则的有（　　）。

A. 合法原则　B. 诚实信用原则

C. 严格责任原则　D. 法律约束力原则

E. 平等、自愿、公平原则

29. 合同纠纷处理的原则有（　　）。

A. 严格执法原则　B. 协商为主原则

C. 公平合理原则　D. 调解优先原则

E. 合法自愿原则

30. 合同生效后，当事人就合同的履行地点约定不明确，且又不能达成补充协议时，下列关于合同履行期限的说法中不正确的有（　　）。

A. 给付货币的，在给付货币一方所在地履行

B. 给付货币的，在接受货币一方所在地履行

C. 交付不动产的，在不动产所在地履行

D. 给付货币和交付不动产以外的其他标的，在履行义务的一方所在地履行

E. 给付货币和交付不动产以外的其他标的，在接受履行的一方所在地履行

31. 根据《合同法》的规定，合同解除的类型包括（　　）。

A. 协议解除　B. 法定解除

C. 变更解除　D. 约定解除

E. 违约解除

32. 依据《合同法》的规定，下列情形中，可以解除合同的情形有（　　）。

A. 不可抗力发生

B. 当事人迟延履行主要债务

C. 在履行期限届满之前，当事人明确表示不履行主要债务

D. 当事人违约使合同目的无法实现

E. 在履行期限届满之前，当事人以自己的行为表明不履行主要债务

33. 根据《合同法》规定，在合同履行的过程中，违约的当事人应当承担的违约责任的形式包括（　　）。

A. 继续履行　　B. 支付违约金

C. 赔偿损失　　D. 采取补救措施

E. 解除合同

34. 在合同履行过程中，一方当事人违约给对方造成损失，违约方应承担赔偿损失的责任。当事人承担赔偿损失的条件包括（　　）。

A. 有违约行为发生　　B. 有损失后果

C. 违约方有过错　　D. 在合理期限内承担责任

E. 违约行为与损失后果之间有因果关系

35. 在合同争议的各种处理方式中，（　　）必须经合同双方当事人自愿才能进行。

A. 协商　　B. 诉讼

C. 调解　　D. 仲裁

E. 行政复议

三、判断题

1. 书面形式的合同就是指合同书。（　　）

2. 双务合同就是指由双方当事人订立的合同。（　　）

3. 格式条款就是指由当事人双方通过协商，按照规定的格式所订立的合同条款。（　　）

4. 对格式条款有两种以上解释时，应当做出有利于提供格式条款一方的解释。（　　）

5. 任何合同在履行过程中当事人都享有抗辩权。（　　）

6. 合同的保全措施包括代位权和抗辩权。（　　）

7. 要约的内容应具体确定，具备足以使合同成立的主要条款。（　　）

8. 当要约人在所发出的要约中确定了承诺期限，则该要约不得撤销。（　　）

9. 受要约人作出的承诺如果对要约的内容作出变更，则该承诺无效。（　　）

10. 合同终止即意味着合同中的所有条款都失去效力。（　　）

11. 建设工程合同中没有规定的，适用委托合同的有关规定。（　　）

12. 合同成立就意味着合同生效。（　　）

13. 法律、行政法规规定采用书面形式订立合同，当事人未采用书面形式但一方已经履行主要义务，对方接受的，该合同成立。（　）

14. 某合同中没有约定合同的履行期限和履行地点，则该合同无效。（　）

15. 合同法规定的合同应具备的条款就是施工合同应具备的条款。（　）

16. 无效合同就是合同中的所有条款均没有法律效力的合同。（　）

17. 对于已经生效的合同，当事人协商一致可以订立合同无效的协议，从而使合同归于无效。（　）

18. 合同采用保证担保时，保证人应与债务人订立保证合同。（　）

19. 定金具有双向担保作用。（　）

20. 定金就是预付款。（　）

21. 合同成立后必须经过公证才具有法律效力，否则为无效合同。（　）

22. 合同成立后当事人发生合并或成立时，合同可以解除。（　）

23. 受要约人有理由认为要约是不可撤销的，并已经为履行合同作了准备工作，则要约不得撤销。（　）

24. 合同生效后，当事人就质量、价款、履行地点等内容没有约定或者约定不明的，一方当事人可以请求人民法院撤销该合同。（　）

25. 提请人民法院审理的合同争议案件，应当是未经仲裁的合同争议案件。（　）

26. 合同双方当事人如果未约定仲裁协议，则只能以诉讼作为解决合同争议的最终方式。（　）

四、综合分析题

1. 建设单位通过招标投标的方式将某公路工程施工任务发包给华山路桥公司，并与该施工单位签订了施工合同。施工之前，施工单位与某水泥厂签订了水泥材料的供应合同，合同中约定由水泥厂负责将施工所需的水泥材料运抵施工现场，但未明确水泥材料的供应时间。施工开始后，工程施工急需水泥材料，施工单位要求水泥厂立即将施工所需的水泥材料运抵施工现场，但遭到该水泥厂的拒绝。两天后水泥厂才将施工所需的水泥材料运到施工现场。

根据上述背景材料，解答下列问题：

（1）上述背景材料中，水泥厂的做法是否正确？说明理由。

（2）根据该事件，你认为合同当事人在约定合同内容时应包括哪些方面的条款？

2. 某高速公路的建设单位按照《公路工程标准施工招标文件》（2009 年版）编制施工招标文件，通过施工招标投标的方式与某施工单位签订了施工合同。合同签订后有人举报该施工单位在投标时弄虚作假，使用了虚假的资质等级证书。经有关部门调查证实举报属实，该施工单位的资质等级不符合招标文件的要求。

根据上述背景材料解答以下问题：

（1）根据《合同法》的规定，哪些合同属于无效的合同？

（2）建设单位与施工单位所签订的施工合同是否有效？说明原因。

3. 建设单位与施工单位就完成某建设工程项目的施工签订了施工合同。在合同履行过程中，由于该施工合同对工程质量约定不明确，致使双方当事人产生争议。试根据合同法的有关规定解答以下问题：

（1）建设工程施工合同的内容包括哪些？

（2）当事人对工程质量约定不明确的这个问题如何补救？

（3）合同履行过程中双方当事人产生的合同争议应如何处理？

4. 某施工单位通过投标竞争承包了西山高速公路施工项目，并与建设单位签订了施工承包合同。在施工过程中发生了如下事件：

事件1：施工单位与某材料供应商所签订的材料供应合同中未明确材料的供应时间。在某分项工程施工时急需使用该材料，施工单位要求材料供应商马上将施工所需材料运抵施工现场，遭到材料供应商的拒绝，两天后才将材料运到施工现场。

事件2：某设备供应商由于进行设备调试，在合同约定的交货期限后才将施工单位所订购的设备交付给施工单位，恰好此时该设备的价格下降，施工单位要求按下降后的价格支付该设备货款，设备供应商则要求按原价执行，双方为此产生了争议。

事件3：施工单位与某施工机械租赁公司签订的租赁合同约定的期限已到，施工单位将租赁的机械交还给租赁公司并交付租赁费，此时，双方签订的合同终止。

事件4：施工单位与某分包单位所签订的分包合同中明确规定要降低分包工程的质量，从而减少分包单位的合同价格，为施工单位创造更高的利润。

根据上述背景材料解答以下问题：

（1）请分析事件1中材料供应商的做法是否正确？为什么？

（2）根据事件1，简要说明合同当事人在约定合同内容时，一般应包含哪些条款？

（3）请分析事件2中施工单位的做法是否正确？为什么？

（4）事件2中施工单位和设备供应商之间产生的争议是否属于合同争议？请你说明合同争议处理的方式有哪几种？

（5）事件3中合同终止的原因是什么？除此之外还有什么情况可以使合同的权利义务终止？

（6）事件4中的合同当事人签订的合同是否有效？请你说明在什么情况下可导致合同无效？

考点3　招标投标管理

一、单项选择题

1.（　　）的基本特点就是反对歧视和特权，要求招标人给予所有投标人平等的机会，使其享有同等的权利，履行同等的义务。招标人不得以任何理由排斥或者歧视任何投标人。

A. 公正原则　　B. 公平原则
C. 公开原则　　D. 诚实信用原则

2. 根据招标投标活动的公开原则，（　　）等信息应当公开。

A. 评标的标准和方法　　B. 标底
C. 评标委员会成员　　D. 投标人名单

3. 公路工程施工招标投标的过程就是施工合同订立的过程。在该过程中，（　　）属于要约。

A. 发布招标公告　　B. 发出投标邀请书
C. 递交投标文件　　D. 发出中标通知书

4. 某公路工程项目施工招标采用公开招标方式。在完成招标准备工作、投标资格预审文件和招标文件的编制、发布招标公告、发售投标资格预审文件之后，还要进行以下工作：①发售招标文件；②对潜在投标人进行资格审查；③召开标前答疑会；④组织现场考察；⑤接受投标人提交的投标文件；⑥开标、评标和定标；⑦发出中标通知书、签订施工合同。这些工作的正确顺序是（　　）。

A. ①②③④⑤⑥⑦　　B. ②①④③⑤⑥⑦
C. ③④①②⑤⑥⑦　　D. ④②③①⑥⑤⑦

5. 按照招标程序，招标过程中招标人应组织现场考察。在现场考察时招标人应向投标人介绍工程场地和相关的周边环境情况，投标人由此得出的推论应由（　　）负责。

A. 发包人　　B. 监理人
C. 承包人　　D. 发包人与承包人共同

6. 招标人如需对已出售的招标文件进行必要的澄清或者修改，应当在投标截止时间（　　）天前以书面形式通知所有投标人。

A. 10　　B. 15
C. 20　　D. 30

7.《招标投标法》规定，“投标人不得以低于成本的报价竞标。”这里的“成本”是指（　　）。

A. 根据估算指标计算出的成本　　B. 根据概算定额计算出的成本
C. 根据预算定额计算出的成本　　D. 根据企业定额计算出的成本

8. 依法必须进行招标的项目，其评标委员会由（　　）和有关技术、经济等方面的专家组成。

A. 招标人　　B. 招标人和投标人

C. 公证机构　　D. 行政主管部门

9. 除技术特别复杂的特大桥和长大隧道工程外，公路工程施工招标评标，一般应当使用（　　）。

A. 合理低价法　　B. 最低评标价法

C. 综合评估法　　D. 固定标价评分法

10. 公路工程施工招标中，采用（　　）方式更有利于开展公平竞争，也可使招标人有较大的选择范围。

A. 邀请招标　　B. 公开招标

C. 议标　　D. 直接指定承包人

11. 公路工程施工招标采用邀请招标的，招标人应当以发送投标邀请书的方式，邀请（　　）家以上具备相应资格的特定法人投标。

A. 二　　B. 三

C. 四　　D. 五

12. 公路工程施工招标过程中，评标定标应遵循的原则是（　　）。

A. 公开、公平、公正、诚实信用　　B. 合法、公正、科学、优胜劣汰

C. 公平、公正、科学、择优　　D. 科学公正、秉公办事

13. 招标人编制的标底是工程项目施工的（　　）。

A. 投标价　　B. 合同价

C. 预期施工价　　D. 协议合同价

14. 某公路施工项目的招标人通过公开招标与承包人签订了施工合同。在合同履行期间招标人发现该承包人在投标时提供了虚假资料，则招标人有权（　　）。

A. 立即解除合同，并没收其履约保证金

B. 取消其中标资格，并没收其投标担保

C. 对承包人的投标文件作废标处理，并没收其投标担保

D. 从工程支付款或履约保证金中扣除不超过10%签约合同价的金额作为违约金

15. 中标人确定后，招标人应当向中标人发出中标通知书。中标通知书对（　　）具有法律约束力。

A. 投标人　　B. 招标人

C. 所有投标人　　D. 中标人和招标人

16. 按照《公路工程标准施工招标文件》（2009年版）的规定，中标人应在发出中标通知书后30天内，并在（　　），按合同规定向发包人提供履约担保。

A. 签订合同协议书之前　　B. 签订合同协议书之后

C. 收到中标通知书之前　　D. 收到中标通知书之后

17. 按照有关规定，在确定中标人前，招标人（　　）与投标人就投标价格、投标方案等实质性内容进行谈判。

A. 可以　　B. 应自行决定是否

C. 不得　　D. 经主管部门批准后可以

二、多项选择题

1. 根据《招标投标法》，招标投标活动应当遵循的基本原则包括（　　）。

A. 公开原则　　B. 公平原则

C. 公正原则　　D. 择优原则

E. 诚实信用原则

2. 下列关于必须进行招标的工程建设项目的最低规模标准的表述中，正确的有（　　）。

A. 施工单项合同估算价在100万元人民币以上的

B. 重要材料的采购，单项合同估算价在100万元人民币以上的

C. 监理服务的采购，单项合同估算价在50万元人民币以上的

D. 项目总投资额在3 000万元人民币以上的

E. 工程设计单项合同估算价在50万元人民币以上的

3. 按照有关规定，公开开标时根据不同情况，可由（　　）检查投标文件的密封情况。

A. 招标人　　B. 投标人

C. 监标人　　D. 招标人委托的公证机构

E. 投标人推举的代表

4. 下列各种情况下投标人递交的投标文件，招标人不予受理的是（　　）。

A. 在递交投标文件截止日期以前递交的投标文件

B. 在递交投标文件截止日期以后递交的投标文件

C. 没有送达指定地点的投标文件

D. 没有按照招标文件要求密封的投标文件

E. 没有按照招标文件要求加写标记的投标文件

5. 根据有关规定，对投标人进行资格审查的方式主要有（　　）。

A. 经济条件审查　　B. 强制性条件审查

C. 资格预审　　D. 资格后审

E. 技术条件审查

6. 对投标人的资格审查可以采用资格预审的方式。设置资格预审的目的主要有（　　）。

A. 排除不合格的投标人

B. 通过评审选出综合实力较强的投标人

C. 审查投标人投标文件的有效性

D. 减少评标的工作量，降低招标人的招标成本

E. 保证参与投标的投标人在资质和能力等方面能够满足完成招标工作的要求

7. 下列文件中，属于公路工程施工招标文件组成的有（　　）。

A. 投标人须知　　B. 工程量清单

C. 技术规范　　D. 合同条款及格式

E. 施工组织设计

8. 《公路工程标准施工招标文件》（2009 年版）合同条款规定，招标人根据对本合同工程勘察所取得的水文、地质、气象和料场分布等资料编制而成的参考资料，其性质是（　　）。

A. 是招标文件的组成部分

B. 不是招标文件的组成部分，却是合同文件的组成部分

C. 既不是招标文件的组成部分，也不是合同文件的组成部分，但对投标有重要的参考意义

D. 仅供投标人在投标报价时参考，对投标没有任何意义

E. 投标人应对他自己就上述资料的解释、推论和应用负责

9. 按照《公路工程标准施工招标文件》（2009 年版）的有关规定，工程量清单的组成包括（　　）。

A. 投标报价说明　　B. 计日工说明

C. 工程量清单说明　　D. 工程量清单各项表格

E. 工程项目划分说明

10. 公路工程施工投标文件的组成包括（　　）。

A. 投标函及投标函附录　　B. 施工组织设计

C. 投标保证金　　D. 技术规范

E. 拟分包项目情况表

11. 下列有关联合体投标的说法中，正确的有（　　）。

A. 联合体必须由两个法人组成

B. 组成的联合体以一个投标人的身份投标

C. 联合体各成员单位应当签订共同投标协议

D. 联合体中标的，联合体各方应当分别与招标人签订合同

E. 联合体各方中只要有一方具备承担招标项目的相应能力即可

12. 投标人有以下（　　）行为时，招标人可以没收其投标保证金。

A. 通过资格预审后不投标　　B. 不参加招标人组织的现场考察

C. 不参加公开开标　　D. 开标后要求撤回投标文件

E. 收到中标通知书后，无任何正当理由拒绝签订合同

13. 下列有关评标委员会的表述中，正确的有（　　）。

A. 评标委员会成员人数在 5 人以上

B. 评标委员会由招标代理机构负责组建

C. 评标委员会成员不得私下接触投标人

D. 评标委员会成员名单在中标结果确定前应当保密

E. 评标委员会成员中，有关技术、经济等方面专家不得少于成员总数的 2/3

14. 根据《公路工程施工招标投标管理办法》的规定，公路工程施工招标的评标方法主要有（　　）。

A. 合理低价法　　B. 最低评标价法

C. 综合评估法　　D. 双信封评标法

E. 最低投标价法

15. 按照《公路工程标准施工招标文件》（2009 年版）的有关规定，公路工程施工招标采用综合评估法评标时，其初步评审标准包括（　　）。

A. 形式评审标准　　B. 资格评审标准

C. 响应性评审标准　　D. 财务评审标准

E. 施工组织设计和项目管理机构评审标准

16. 在公路工程施工招标中，下列各种情况中，投标文件应当作为废标的有（　　）。

A. 投标文件字迹潦草、模糊、无法辨认

B. 投标人未按招标文件要求提交投标保证金

C. 投标文件未经法定代表人或者其授权代理人签字，或者未加盖投标人公章

D. 投标人没有参加开标会的

E. 投标人承诺的施工工期超过招标文件规定的期限

17. 邀请招标与公开招标在招标程序上的主要区别有（　　）。

A. 邀请招标不需要发布招标公告

B. 邀请招标不需要对投标人进行资格审查

C. 邀请招标不需要设置资格预审环节

D. 邀请招标不需要设置公开开标环节

E. 邀请招标由招标代理机构评标

18. 根据有关规定，依法履行审批手续后，可以进行邀请招标的公路工程项目包括（　　）。

A. 受自然地域环境限制的

B. 高速公路施工里程在 20km 以内的

C. 一般大桥长度在 80m 以内的

D. 公开招标的费用与工程费用相比，所占比例过大的

E. 项目技术复杂或有特殊技术要求，且符合条件的潜在投标人数量有限的

19. 依法必须进行招标的公路工程项目，其施工招标应当具备的条件包括（　　）。

A. 初步设计文件已被批准

B. 建设资金已经落实

C. 项目法人已经确定，并符合项目法人资格标准要求

D. 已选择了监理单位

E. 建设用地已经移交

20. 按照交通运输部的规定，自行办理施工招标事宜的招标人应具备的条件包括（　　）。

A. 具有项目法人资格

B. 具有组织编制招标文件的能力

C. 具有对投标单位进行资格审查和组织评标的能力

D. 具有组织编制招标项目实施计划的能力

E. 具有与招标项目相适应的工程管理、造价管理、财务管理能力

21. 下列有关招标代理的表述中，正确的有（　　）。

A. 招标代理机构是社会中介组织

B. 招标代理机构必须有能够编制招标文件和组织评标的相应专业力量

C. 所有的招标都必须委托招标代理机构办理有关招标事宜

D. 建设行政主管部门有权为招标人指定招标代理机构

E. 招标代理机构是行政主管部门所属的专门负责招标投标工作的机构

22. 招标代理机构应当在招标人委托的范围内承担招标事宜。招标代理机构可以在其资格等级范围内承担下列（　　）等招标事宜。

A. 拟订招标方案　　B. 编制和出售招标文件

C. 编制标底　　D. 组织开标、评标

E. 签订施工合同

23. 下列备选项中，属于评标委员会责任的有（　　）。

A. 确定中标人　　B. 提交评标报告

C. 主持开标　　D. 对投标文件进行初步评审

E. 对投标文件进行详细评审

24. 依法有权确定中标人的是（　　）。

A. 招标投标管理部门　　B. 招标人

C. 公证机构　　D. 招标代理机构

E. 获得招标人授权的评标委员会

25. 下列投标文件存在的各种偏差中，构成细微偏差的有（　　）。

A. 总价金额与依据单价计算出的结果不一致

B. 投标人修改了工程量清单中某子目的工程数量

C. 修正后的最终投标报价超过投标控制价上限（如有）

D. 工程量清单中漏报了某个工程子目的单价、合价或总额价

E. 工程量清单中多报了某个工程子目的单价、合价或总额价

26. 在某公路工程施工评标过程中，评标委员会发现某些投标文件中出现下列各种情况，（　　）应认定为重大偏差，按废标处理。

A. 投标文件未按照招标文件规定的格式和内容填写

B. 投标文件中确定的项目管理机构不够完善

C. 投标文件中编制的施工组织设计（含关键工程技术方案）不够完善

D. 投标文件载明的招标项目完成期限超过招标文件规定的时限

E. 投标文件认为招标文件规定的工程验收方法不合理，并提出了新的验收方法

27. 下列有关中标与合同订立的表述中，错误的有（　　）。

A. 投标价最低的投标人应当成为中标人

B. 招标人应当向未中标的投标人通知中标结果

C. 中标通知书发出后，合同签订前招标人有权改变中标人

D. 中标通知书发出后，合同签订前中标人有权放弃中标项目

E. 招标人和中标人应当自中标通知发出之日起15日内订立书面合同

三、判断题

1. 未参加招标人组织的现场考察和标前会议的投标人，其所递交的投标文件属于废标。（　　）

2. 公路工程施工采用邀请招标时，由于招标人对投标人比较了解，因此无需对投标人进行资格审查。（　　）

3. 工程量清单中某子目未填写单价，在评标时不应看作漏项，应视为投标人将其考虑到其他子目的单价中。（　　）

4. 投标保证金是投标文件的有效组成部分。（　　）

5. 招标人应当采取必要的措施，保证评标在公开透明的情况下进行。任何单位和个人不得非法干预、影响评标的过程和结果。（　　）

6. 公路工程施工监理招标一般采用邀请招标。（　　）

7. 公路工程施工招标时，招标人不得向他人透露已获得招标文件的潜在投标人的名称、数量等情况。（　　）

8. 选择招标方式、编制招标文件是招标人在招标前期应做的主要工作。（　　）

9. 落实建设资金、完成征地拆迁工作是招标人在招标前期应做的主要工作。（　　）

10. 招标人具有编制招标文件和组织评标能力的，可以自行办理招标事宜，任何单位和个人不得强制其委托招标代理机构办理招标事宜。（　　）

11. 具备法人资格是招标代理机构应当具备的重要条件。（　　）

12. 施工招标评标报告应当由所有评标委员会成员签字。（　　）

13. 投标文件未按规定的格式填写的即构成重大偏差，按废标处理。（　　）

14. 投标人对其过低的报价不能合理说明或者不能提供相应证明材料的，评标委员会即可认定该投标人以低于成本报价竞标，其投标作废标处理。 (　　)

15. 招标人尽管给某投标人颁发了中标通知书，但由于没有签署正式协议书，仍然可以随时撤回中标通知书。 (　　)

16. 中标人无正当理由拒签合同的，招标人可取消其中标资格，但投标保证金予以退还。 (　　)

四、综合分析题

1. 某公路工程施工项目估算总投资 3 500 万元，建设工期 16 个月，工程采用公开招标方式确定施工单位，建设单位按照有关规定进行公开招标。

根据该施工项目的具体情况，建设单位按规定要求参加投标的施工单位的施工资质最低不得低于二级资质。

拟参加此投标的五家单位中 A、B、D 为二级资质，C 单位为三级资质，E 单位为一级资质。而 C 单位的法定代表人是建设单位某主要领导的亲戚，建设单位招标工作领导小组在资格预审时出现了分歧，正在犹豫不决时，C 单位提出准备组成联合体投标，经 C 单位法定代表人的私下活动，建设单位同意让 C 单位与 A 单位联合投标，并明确向 A 单位暗示，如果不接受这个投标方案，则该工程的中标将授予 B 单位。A 单位为了获得该工程，同意与 C 单位联合投标。于是 A 单位和 C 单位联合投标获得成功。

根据上述背景材料，试解答以下问题：

(1) 简述公路工程施工招标中的公开招标程序。

(2) 在上述招标过程中，作为该项目的建设单位其行为是否合法？为什么？

(3) 从上述材料来看，单位 A 与单位 C 组成的投标联合体是否有效？为什么？

(4) 通常情况下，招标人和投标人串通投标的行为有哪些表现形式？

2. 某公路工程项目进行施工招标，招标人按照有关规定编制了完整、详细的招标文件，其招标文件的组成如下：(1) 招标公告。(2) 投标人须知。(3) 合同条款及格式。(4) 技术规范。(5) 工程量清单。(6) 图纸。(7) 中标通知书。(8) 评标委员会名单。(9) 标底编制人员名单。

招标人通过资格预审对潜在投标人进行审查，并提出了对投标人资格必要合格条件的要求，包括：资质等级达到要求标准；投标人在开户银行的存款达工程造价的 5%；主体工程中的重点部位可分包给经验丰富的承包人来完成；具有同类工程的施工经验和能力。

根据上述背景材料，回答以下问题：

(1) 上述背景材料中的招标文件的组成中有哪些不应属于招标文件的组成？

(2) 资格预审主要侧重于对投标人哪方面的审查？

(3) 资格预审对投标人的必要合格条件主要包括哪几个方面？

(4) 背景材料中必要合格条件的不妥之处有哪些？

3. 西渭高速公路为某市政府投资修建的重点项目。该公路建设项目初步设计文件已获批准，项目法人也已按照有关规定组建。项目所需建设资金由政府自筹和银行贷款两部分组成。政府自筹部分的资金已经到位，银行贷款部分的资金目前项目法人和银行正在协商之中。考虑到工期较紧张，项目法人决定立即对该项目进行施工招标。由于该项目技术复杂，在报经主管部门批准后采用邀请招标。

试回答以下问题：

（1）公路工程施工项目进行施工招标应具备的条件是什么？

（2）自行办理施工招标事宜的招标人应具备什么条件？

（3）施工招标的法定方式有哪几种？

（4）满足什么条件的公路工程施工项目，在经主管部门批准后可以采用邀请招标？

（5）试分析该高速公路施工项目是否可以进行施工招标？说明理由。

4. 某公路工程建设项目估算总投资 2 200 万元人民币，其中施工估算价 1 000 万元人民币，设备采购估算价 1 000 万元人民币，勘察估算价 43 万人民币，设计估算价 100 万人民币，监理估算价 57 万元人民币。在施工招标过程中，发包人委托该省交通运输厅进行招标，按照法律程序确定以公开招标的方式分阶段招标。试解答以下问题：

（1）按照《公路工程施工招标投标管理办法》规定，必须进行招标的工程项目是什么？

（2）公路工程项目的勘察、设计、施工监理以及与工程建设有关的重要设备、材料等的采购必须进行招标的标准是什么？

（3）该工程项目在实施的各阶段应进行哪些招标？

（4）该题目中有两处不妥，请找出来。

5. 某公路施工项目，建设单位通过招标选择了光大监理公司承担施工招标代理和施工监理工作，并在监理中标通知书发出后第 45 天与该监理单位签订了监理合同。之后双方又另行签订了一份将监理合同约定的监理服务费用降低 10% 的协议。

在施工公开招标中，有 A、B、C、D、E、F、G、H 等施工单位报名投标，经资格预审均符合要求，但建设单位以 A 施工单位是省外企业为由不同意其参加投标，而监理单位坚持认为 A 施工单位有资格参加投标。

评标委员会由 5 人组成，其中包括当地交通局办公室主任 1 人，建设单位代表 1 人，从主管部门提供的专家库中随机抽取的技术、经济专家 3 人。

评标时发现，B 施工单位投标报价明显低于其他投标单位报价，且未能合理说明理由；D 施工单位提供的施工组织设计（含关键工程技术方案）不够完善；F 施工单位投标文件提供的工程验收办法不符合招标文件的要求；H 施工单位投标文件中漏报了某分项工程子目的单价。其他施工单位的投标文件均符合招标文件要求。

根据上述背景材料解答以下问题：

（1）请分析建设单位和监理单位在签订监理合同过程中存在哪些不妥之处，并说明理由。

（2）在施工招标资格预审中，监理单位认为A施工单位有资格参加投标是否正确？说明理由。

（3）请分析评标委员会组成的不妥之处，说明理由，并写出正确的做法。

（4）请分析B、D、F、H四家施工单位的投标文件是否有效？说明理由。

考点4　《公路工程标准施工招标文件》（2009年版）（上册）

一、单项选择题

1. 某施工项目投标总价为5000万元人民币，则投标保证金最多不得超过（　　）万元人民币。

A. 100　　B. 80

C. 60　　D. 40

2. 《公路工程标准施工招标文件》（2009年版）合同条款规定的建筑工程一切险和第三者责任险应由（　　）投保，保险费由发包人承担。

A. 发包人　　B. 承包人

C. 发包人和承包人联名　　D. 监理人

3. 根据《公路工程标准施工招标文件》（2009年版）合同条款的规定，建筑工程一切险的保险金额为（　　）。

A. 合同永久工程的价值

B. 完成合同永久工程所需材料、工程设备的价值

C. 完成合同永久工程所需的临时工程和设施的价值

D. 工程量清单第100章（不含建筑工程一切险及第三者责任险的保险费）至700章的合计金额

4. 根据《公路工程标准施工招标文件》（2009年版）合同条款的规定，建筑工程一切险的保险期限为（　　）。

A. 合同工期　　B. 缺陷责任期

C. 工程保修期　　D. 合同工期加缺陷责任期

5. 《公路工程标准施工招标文件》（2009年版）合同条款规定，（　　）颁发前，承包人应负责照管和维护工程及将用于或安装在本工程中的材料、设备。

A. 缺陷责任期终止证书　　B. 保修期终止证书

C. 最终结清证书　　D. 交工验收证书

6. 如果监理人所要求承包人做的材料检验为合同未规定的，或是在该材料加工、制配场地以外的场所进行的，则检验结束后，如表明该材料未能符合合同规定，其费用应由（　　）承担。

A. 监理人　　B. 发包人

C. 承包人　　D. 材料、设备供货人

7. 《公路工程标准施工招标文件》（2009年版）合同条款规定，在缺陷责任期内，对

于工程中存在的缺陷或损坏，监理人和承包人应共同查清缺陷和（或）损坏的原因。经查验属发包人原因造成的，则发包人（　　）。

A. 应承担修复和查验的费用，但不应支付利润

B. 应承担修复和查验的费用，并支付合理利润

C. 不应承担修复和查验的费用，但应支付利润

D. 不应承担修复和查验的费用，也不应支付利润

8. 某新建桥梁已通过交工验收。在缺陷责任期间，发生桥梁栏杆被盗的事件，该责任及费用损失应由（　　）承担。

A. 承包人　　B. 监理单位

C. 发包人　　D. 发包人和承包人共同

9. 《公路工程标准施工招标文件》（2009 年版）中的通用合同条款，在使用时（　　）。

A. 不允许增删或修改　　B. 可以根据需要删改

C. 允许局部增删或修改　　D. 可以根据需要补充或修改

10. 二级及以上公路工程施工招标文件中的通用条款，应（　　）。

A. 根据建设项目的具体情况进行编制

B. 直接采用《公路工程标准施工招标文件》（2009 年版）中的通用条款

C. 对《公路工程标准施工招标文件》（2009 年版）中的通用条款作部分修改后采用

D. 结合公路工程专用合同条款进行编制

11. 《公路工程标准施工招标文件》（2009 年版）合同条款中的"工程设备"是指（　　）。

A. 施工设备

B. 承包人用于工程试验检测的设备

C. 承包人设备

D. 构成或计划构成永久工程一部分的机电设备等

12. 按照《公路工程标准施工招标文件》（2009 年版）的规定，当承包人履行了缺陷责任后，质量保证金退回的办法是（　　）。

A. 在签发交工验收证书后立即全部退回

B. 在签发交工验收证书后退还一半，签发缺陷责任期终止证书后退还另外一半

C. 随进度付款证书的签发，逐月按比例退回

D. 在签发缺陷责任期终止证书后一次性退回

13. 《公路工程标准施工招标文件》（2009 年版）合同条款规定，对于由承包人提供的材料，如果监理人要求承包人做的材料的试验为合同未规定的项目，则试验结束后，如表明材料未能符合合同规定，其试验费用由（　　）承担。

A. 承包人　　B. 发包人

C. 发包人和承包人共同　　D. 监理人

14.《公路工程标准施工招标文件》(2009 年版) 合同条款规定，监理人应在收到承包人提交的施工进度计划后（　　）天内对施工进度计划予以批复或提出修改意见，否则该进度计划视为已得到批准。

A. 28　　B. 21

C. 14　　D. 7

15. 在合同条款约定的缺陷责任期终止后（　　）天内，由监理人向承包人出具经发包人签认的缺陷责任期终止证书，并退还剩余的质量保证金。

A. 7　　B. 14

C. 21　　D. 28

16.《公路工程标准施工招标文件》(2009 年版) 合同条款规定，经验收合格工程的实际交工日期是指（　　）。

A. 监理人审核承包人提交的交工验收申请的日期

B. 发包人经过验收后同意接受工程的日期

C. 发包人签认交工验收证书的日期

D. 承包人最终提交交工验收申请报告的日期

17. 承包人对已完成的工程进行计量，并向监理人提交已完成工程量报表和有关计量资料。监理人应在收到承包人提交的工程量报表后的（　　）天内进行复核，监理人未在约定时间内复核的，承包人提交的工程量报表中的工程量视为承包人实际完成的工程量，据此计算工程价款。

A. 3　　B. 5

C. 7　　D. 9

18. 在承包人签订了合同协议书并提交了开工预付款保函后，监理人应在当期进度付款证书中向承包人支付开工预付款的（　　）的价款；在承包人承诺的主要设备进场后，再支付预付款其余部分。

A. 70%　　B. 90%

C. 50%　　D. 30%

19.《公路工程标准施工招标文件》(2009 年版) 合同条款规定，承包人应在缺陷责任期终止证书签发后（　　）天内向监理人提交最终结清申请单。提交最终结清申请单的份数在项目专用合同条款数据表中约定。

A. 14　　B. 21

C. 28　　D. 42

20.《公路工程标准施工招标文件》(2009 年版) 合同条款规定的材料预付款的退还办法是，当材料已用于永久工程之中时，材料预付款应从进度付款证书中扣回，扣回期不超过（　　）个月。

A. 5　　B. 3

C. 2　　D. 1

21. 《公路工程标准施工招标文件》（2009 年版）合同条款规定，承包人应根据本工程的实际安全施工要求，编制施工安全技术措施，并在签订合同协议书后（　　）天内，报监理人和发包人批准。

A. 7　　B. 14

C. 21　　D. 28

22. 施工单位应当设立安全生产管理机构，配备专职安全生产管理人员。施工单位应当按照 5000 万元施工合同额配备（　　）名的比例配备专职安全生产管理人员。

A. 2　　B. 1

C. 3　　D. 4

23. 《公路工程标准施工招标文件》（2009 年版）合同条款规定，引起工期延误的索赔事件发生后，承包人应在（　　）天内，向监理人提交工期索赔意向通知书。

A. 7　　B. 28

C. 21　　D. 14

24. 对于经监理人批准而覆盖的隐蔽工程，监理人有权要求承包人进行剥露后重新检验。如重新检验不合格，则剥露、修复、重新覆盖的费用损失和工期损失的处理原则为（　　）。

A. 费用损失由发包人承担，工期损失由承包人承担

B. 费用损失和工期损失均由发包人承担

C. 费用损失由承包人承担，工期损失由发包人承担

D. 费用损失和工期损失均由承包人承担

25. 根据《公路工程标准施工招标文件》（2009 年版）合同条款的规定，下列构成施工合同文件优先次序正确的是（　　）。

①合同协议书及附件；②中标通知书；③投标函及投标函附录；④通用合同条款；⑤专用合同条款；⑥图纸；⑦已标价工程量清单；⑧技术规范；⑨其他合同文件

A. ①③②⑤④⑧⑥⑦⑨　　B. ①②③⑤④⑧⑥⑦⑨

C. ①③②⑤④⑥⑧⑦⑨　　D. ①②③⑤⑦④⑥⑧⑨

26. 在公路工程施工过程中，下列合同文件对某问题的规定不一致，则应按（　　）的规定为准。

A. 技术规范　　B. 公路工程专用合同条款

C. 通用合同条款　　D. 项目专用合同条款

27. 《公路工程标准施工招标文件》（2009 年版）合同条款规定，除在合同中有明确的规定外，监理人（　　）解除或变更合同规定的承包人的任何义务与责任。

A. 无权　　B. 有权

C. 经发包人同意后有权　　D. 经主管部门批准后有权

28. 承包人对总监理工程师授权的监理人员发出的指示有疑问的，可向总监理工程师提

出书面异议，总监理工程师应在（ ）小时内对该指示予以确认、更改或撤销。

A. 12　　B. 24

C. 36　　D. 48

29. 证明工程的照管和维护责任已从承包人转移给发包人的文件是（ ）。

A. 进度付款证书　　B. 交工付款证书

C. 交工验收证书　　D. 缺陷责任期终止证书

30.《公路工程标准施工招标文件》(2009 年版）合同条款规定，经交工验收合格的工程的实际交工日期是指（ ）。

A. 监理人审核承包人提交的交工验收申请的日期

B. 发包人经过验收后同意接受工程的日期

C. 发包人签认交工验收证书的日期

D. 承包人最终提交交工验收申请报告的日期

二、多项选择题

1.《公路工程标准施工招标文件》(2009 年版）的组成包括（ ）。

A. 招标公告/投标邀请书　　B. 投标人须知

C. 评标办法　　D. 合同条款及格式

E. 参考资料

2.《公路工程标准施工招标文件》(2009 年版）规定，招标人根据对本合同工程勘察所取得的水文、地质、气象和料场分布等资料编制而成的《参考资料》，其性质是（ ）。

A. 是招标文件的组成部分

B. 不是招标文件的组成部分，但是合同文件的组成部分

C. 既不是招标文件的组成部分，也不是合同文件的组成部分，但对投标有重要的参考意义

D. 仅供投标人在投标报价时参考，对投标没有任何意义

E. 投标人应对他自己就上述资料的解释、推论和应用负责

3.《公路工程标准施工招标文件》(2009 年版）投标人须知规定，履约担保的形式主要有（ ）。

A. 担保公司的担保书　　B. 银行保函

C. 银行汇票　　D. 保险公司的担保

E. 银行保函 + 现金

4. 根据《公路工程标准施工招标文件》(2009 年版）合同条款的规定，在合同履约阶段合同担保形式包括（ ）。

A. 定金　　B. 履约保证金

C. 预付款保证金　　D. 抵押

E. 质量保证金

5.《公路工程标准施工招标文件》（2009 年版）合同条款规定的建筑工程一切险是为合同工程的（　　）等所投的保险。

A. 永久工程

B. 临时工程和设备

C. 已运至施工工地用于永久工程的材料和设备

D. 承包人的施工机械

E. 承包人的施工人员

6.《公路工程标准施工招标文件》（2009 年版）合同条款规定的（　　）的保险费均由承包人报价时填入工程量清单的 100 章内，作为单独支付的子目，在支付时将凭单据按实支付。

A. 建筑工程一切险　　B. 人身意外伤害险

C. 第三者责任险　　D. 施工装备险

E. 道路运输险

7. 按照《公路工程标准施工招标文件》（2009 年版）合同条款的规定，施工合同当事人应办理的保险主要有（　　）。

A. 建筑工程一切险　　B. 人员工伤事故的保险

C. 人身意外伤害险　　D. 第三者责任险

E. 道路运输险

8. 根据《公路工程标准施工招标文件》（2009 年版）合同条款规定，因发包人原因造成工程质量达不到合同约定验收标准的，由于承包人返工致使某关键工作发生延误，承包人有权要求发包人（　　）。

A. 承担返工造成的费用增加　　B. 延长工期

C. 支付违约金　　D. 支付合理利润

E. 调整签约合同价

9. 根据《公路工程标准施工招标文件》（2009 年版）合同条款的规定，施工过程期间承包人遇到的下列事件中，不属于不可抗力的是（　　）。

A. 发包人迟延提供施工场地　　B. 发包人未按时支付工程进度款

C. 泥石流、暴雨、水灾等自然灾害　　D. 监理人迟延提供图纸

E. 发包人提供的材料、设备不符合规定

10. 根据《公路工程标准施工招标文件》（2009 年版）合同条款的规定，下列有关“签约合同价”的说法中，正确的有（　　）。

A. 签约合同价是指签订合同时合同协议书中写明的合同总金额

B. 签约合同价是指投标函中写明的投标价格

C. 签约合同价是指承包人实际得到的工程款

D. 签约合同价中包括了暂列金额、暂估价金额

E. 签约合同价就是合同价格

11.《公路工程标准施工招标文件》（2009 年版）合同条款中所说的“图纸”是指（　　）。

A. 包含在合同中的工程图纸

B. 发包人提供的补充图纸

C. 发包人提供的修改图纸

D. 承包人提交的经监理人批准的施工图纸

E. 发包人提供的变更图纸

12. 发包人提供的材料和工程设备的规格、数量或质量不符合合同要求，或由于发包人原因发生交货日期延误及交货地点变更等情况的，发包人应承担的责任可能包括（　　）。

A. 同意承包人重新报价　　B. 向承包人支付由此增加的费用

C. 同意承包人提出的工程延期要求　　D. 同意改变合同计价方式

E. 向承包人支付合理利润

13. 承包人应在签订合同协议书后 28 天之内，向监理人提交工程质量保证措施文件。工程质量保证措施文件的内容主要包括（　　）。

A. 质检人员的组成　　B. 质量检查程序

C. 质量检查实施细则　　D. 质量检查机构的组织和岗位责任

E. 质量检查指标和标准

14. 某隐蔽工程处于工程进度网络计划图的关键线路上，承包人按合同条款规定覆盖了该隐蔽工程后，监理人对质量有疑问，于是要求承包人对已覆盖的部位进行钻孔探测或揭开重新检验。经检验证明该工程质量符合合同要求，承包人可要求发包人（　　）。

A. 承担由此增加的费用　　B. 支付承包人合理利润

C. 延长工期　　D. 变更该隐蔽工程

E. 调整该隐蔽工程的单价或价格

15. 根据《公路工程标准施工招标文件》（2009 年版）合同条款规定，承包人应在签订合同协议书后 28 天之内，向监理人提交（　　）等文件，已取得监理人的批准。

A. 年度施工计划　　B. 工程质量保证措施

C. 施工安全技术措施　　D. 永久占地计划

E. 季度合同用款计划

16. 根据《公路工程标准施工招标文件》（2009 年版）合同条款规定，向承包人支付开工预付款的条件包括（　　）。

A. 承包人已和发包人签订了合同协议书　　B. 承包人已提交了履约保函

C. 承包人已提交了开工预付款保函　　D. 监理人已发出了开工通知

E. 承包人已提交了开工预付款使用计划

17. 根据《公路工程标准施工招标文件》（2009 年版）合同条款规定，材料、设备预付款按项目专用合同条款数据表中所列主要材料、设备单据费用的百分比支付，其预付条件包括（　　）。

A. 承包人已签订了合同协议书

B. 承包人已提交了预付款保函

C. 材料、设备符合规范要求并经监理人认可

D. 承包人已出具材料、设备费用凭证或支付单据

E. 材料、设备已在现场交货，且存储良好，监理人认为材料、设备的存储方法符合要求

18. 下列关于工程量清单的说法中，正确的是（　　）。

A. 工程量清单中的单价子目工程量为估算工程量

B. 除按照合同条款约定的变更外，工程量清单中的总价子目的工程量是承包人用于结算的最终工程量

C. 工程量清单中所列工程量的变动，丝毫不会降低或影响合同条款的效力

D. 当图纸与工程量清单所列工程数量不一致时，以图纸所列数量作为报价的依据

E. 承包人必须按监理人指令完成工程量清单中未填入单价或总额价的工程子目，但不能得到结算与支付

19. 施工单位应当设立安全生产管理机构，配备专职安全生产管理人员。专职安全生产管理人员的职责包括（　　）等。

A. 负责对安全生产进行现场监督检查，并做好检查记录

B. 对违章指挥、违章操作和违反劳动纪律的，应当立即制止

C. 对施工所使用的材料、工程设备进行检验

D. 发现生产安全事故隐患，应当及时向项目负责人和安全生产管理机构报告

E. 组织施工单位和其他单位进行安全生产检查

20. 承包人的（　　）等国家规定的特种作业人员，必须按照国家规定经过专门的安全作业培训，并取得特种作业操作资格证书后，方可上岗作业。

A. 垂直运输机械作业人员　　B. 爆破作业人员及安装拆卸工

C. 起重信号工、电工、焊工　　D. 测量工及试验人员

E. 材料保管员

21. 根据《公路工程标准施工招标文件》(2009 年版) 合同条款规定，由于发包人未按合同约定及时向承包人提供图纸造成某关键工作发生延误的，承包人有权要求发包人（　　）。

A. 支付合理利润　　B. 修改合同价

C. 延长工期　　D. 增加费用

E. 修改图纸

22. 根据《公路工程标准施工招标文件》(2009 年版) 合同条款规定，如果监理人未按时向承包人提供施工所需的图纸，且实际上已造成某关键工作延误和费用增加，则承包人有权要求得到（　　）。

A. 延长工期　　B. 由此增加的费用

C. 合理利润　　D. 监理工程师赔偿其相应的经济损失

E. 监理人和发包人共同补偿其损失的工期和费用

23. 下列文件，属于公路工程施工合同文件组成部分的有（　　）。

A. 中标通知书　　B. 项目专用合同条款

C. 施工组织设计　　D. 已标价工程量清单

E. 投标函及投标函附录

24. 根据《公路工程标准施工招标文件》（2009 年版）合同条款的规定，监理人在行使下列（　　）等权力前需要经发包人事先批准。

A. 审查批准技术规范或设计的变更　　B. 确定变更工作的单价

C. 审查批准施工组织设计　　D. 确定暂估价金额

E. 同意分包本工程的某些非主体和非关键性工作

25. 在公路工程施工监理工作中，监理人享有的权利包括（　　）。

A. 签认缺陷责任期终止证书　　B. 解除承包人的合同义务

C. 签认工程进度付款证书　　D. 签发保修期终止证书

E. 要求撤换不能胜任本职工作的承包人项目经理

26. 按照《公路工程标准施工招标文件》（2009 年版）合同条款规定，下列各种证书中，不应由监理人签认的是（　　）。

A. 交工验收证书　　B. 进度付款证书

C. 缺陷责任期终止证书　　D. 保修期终止证书

E. 最终结清证书

27. 《公路工程标准施工招标文件》（2009 年版）合同条款规定的“缺陷责任期终止证书”的法律意义有（　　）。

A. 工程合同履行结束

B. 工程价款结算已完成

C. 任何已指令进行修复的工程已完成

D. 视为合同工程已经全部完成的批准文件

E. 终止合同当事人的一切相关义务

三、判断题

1. 发包人应在缺陷责任期终止证书颁发后 28 天内把履约担保退还给承包人。（　　）

2. 承包人投标的单价和总额价应已包括了合同中规定的承包人的全部义务以及为实施和完成本合同工程及其缺陷修复所必需的一切工作和条件。（　　）

3. 单价合同中的工程量清单中所提供的各子目的工程数量是否准确对工程造价没有影响。（　　）

4. 公路工程施工合同条款中的合同价格是指签订合同时合同协议书中写明的，包括了暂列金额、暂估价的合同总金额。（　　）

5. 公路工程施工合同条款中的暂列金额是指发包人在工程量清单中给定的，用于支付必然发生但暂时不能确定价格的材料、设备以及专业工程的金额。（　　）

6. 公路工程施工通用合同条款中提及的“基准日期”是指投标截止时间当天的日期。（　　）

7. 监理人有权要求承包人进行合同中未规定的材料或工程设备的试验和检验。（　　）

8. 因发包人原因造成工程质量达不到合同约定验收标准的，发包人应承担由于承包人返工造成的费用增加和（或）工期延误，并支付承包人合理利润。（　　）

9. 经监理人批准的施工进度计划称合同进度计划，是控制合同工程进度的依据。（　　）

10. 缺陷责任期和工程保修期都是自实际交工日期起计算，具体期限在项目专用合同条款数据表中约定。（　　）

11. 除按照合同条款约定的变更外，已标价工程量清单中的总价子目的工程量是承包人用于结算的最终工程量。（　　）

12. 质量保证金在缺陷责任期终止后一次性返还给承包人。（　　）

13. 暂列金额应由监理人报发包人批准后指令全部或部分地使用，或者根本不予动用。（　　）

14. 因监理人指令重新检验已隐蔽工程而发生的费用和工期延误，无论重新检验是否合格，均应由承包人承担。（　　）

15. 所有专业分包计划和专业分包合同须报监理人审批，并报发包人核备。（　　）

16. 合同中索赔条款的设立，不利于降低投标报价。（　　）

17. 在施工合同履行过程中，当技术规范和图纸对某一问题的规定不一致时应以图纸的规定为准。（　　）

18. 监理人根据合同条款规定向承包人发出的任何指示均应视为已得到发包人的批准。（　　）

19. 承包人只能从总监理工程师或总监理工程师授权的监理人员处取得指示。（　　）

20. 在紧急情况下，总监理工程师或被授权的监理人员可以向承包人发出口头指示，承包人应遵照执行。（　　）

四、综合分析题

1. 某公路工程采用《公路工程标准施工招标文件》（2009 年版）合同条款。施工期间该地区发生了严重的洪水灾害，造成以下损失：

（1）已完路基被冲毁，损失 330 万元；

（2）工地临时生活与办公房屋被毁，损失 10 万元；

（3）施工机械设备损失45万元；

（4）水泥被暴雨淋湿报废，损失20万元；

（5）工程被迫停工15天，因停工窝工和机械闲置损失40万元；

（6）承包人人员伤亡损失15万元；

（7）由于冲毁的路基堵塞了排水系统，致使公路沿线农田受淹，估计损失80万元。

请根据合同条款分析上述风险损失发包人、承包人该如何分担（不考虑工程保险）。

2. 某公路工程的建设单位通过公开招标，分别与某监理单位和施工单位签订了施工监理合同和施工合同。施工合同采用了《公路工程标准施工招标文件》（2009年版）合同条款。

路基高边坡施工中，项目监理机构发现施工单位采用了一项新技术，未按已批准的施工技术方案施工。项目监理机构认为本工程使用该项新技术存在重大安全隐患，总监理工程师下达了工程暂停令，同时报告了建设单位。施工单位认为该项新技术通过了有关部门的鉴定，不会发生安全问题，仍继续施工。于是项目监理机构报告了交通主管部门。施工单位在交通主管部门干预下才暂停了施工。

施工单位复工后，就此事引起的损失向项目监理机构提出索赔。建设单位也认为项目监理机构"小题大做"，致使工程延期，要求监理单位对此事承担相应责任。

该公路工程施工完成后，施工单位按合同规定向监理机构提交了交工验收申请报告。监理机构经审查后认为已具备交工验收条件，于是在收到交工验收申请报告后的第16天，报请建设单位进行交工验收，并将交工验收申请报告及监理机构的审核意见等提交给建设单位。但由于各种原因，建设单位未及时组织交工验收。施工单位提交交工验收申请报告后的第60天工程所在地发生了洪水灾害，致使部分路段遭受损毁。洪水灾害过后，建设单位要求施工单位对损毁的路段自费进行修复，施工单位不同意自费修复。

试根据上述背景材料，回答下列问题：

（1）在路基高边坡施工中，施工单位的哪些做法不妥？说明理由。

（2）上述背景材料中建设单位的哪些做法不妥？

（3）对施工单位采用新的施工技术，项目监理机构还应做哪些工作？

（4）施工单位不同意自费修复损害的工程是否正确？为什么？工程修复时监理工程师的主要工作内容有哪些？

3. 某公路施工合同采用《公路工程标准施工招标文件》（2009年版）合同条款。该合同工程量清单中有桥台背回填子目，其土方数量为450m^3，但没有单价。施工中承包人按合同约定和监理人的要求完成了该桥台背回填子目。经监理工程师检查确认该子目质量合格，验收手续齐全，且符合安全和环保要求。该子目经监理工程师核实确认实际的工程量为460m^3。在该子目中间交工验收通过且收到监理人签发的中间交工证书后，承包人就该子目向监理工程师提出了计量支付的要求，但该要求遭到监理工程师的拒绝。试分析监理工程师的做法是否合理？为什么？

4. 某公路桥梁工程在施工监理招标和施工过程中发生了下列事件：

事件1：建设单位于2013年11月底向中标的监理单位发出监理中标通知书，监理中标价为250万元；建设单位与中标的监理单位协商后，于2014年1月10日签订了施工监理合同。监理合同约定：监理合同价为260万元；因非监理单位原因导致监理服务期延长，每延长一个月增加监理费8万元；监理服务自监理合同签订之日起开始，服务期26个月。根据项目实际情况，监理单位设置一级监理机构组织监理工作的开展。

建设单位通过施工招标确定了施工单位，并与施工单位签订了施工合同。施工合同约定：开工日期为2014年2月10日，施工总工期为24个月。

事件2：由于桥梁梁板吊装作业危险性较大，施工项目部编制了专项施工方案，并送现场监理员签收。吊装作业开始前，塔式起重机司机使用风速仪检测到风力过大，拒绝进行吊装作业。施工项目经理便安排另一塔式起重机司机进行吊装作业，监理员发现后立即向专业监理工程师汇报，该专业监理工程师回答说，这是施工单位内部的事情。

事件3：监理员将施工项目部编制的专项施工方案交给总监理工程师后，发现现场吊装作业所用的塔式起重机发生了故障。为了不影响施工进度，施工项目经理调来另一台塔式起重机，该塔式起重机比施工方案确定的塔式起重机吨位稍小，但经安全检测可以使用。监理员立即将此事向总监理工程师汇报，总监理工程师以专项施工方案未经审查批准就实施为由，签发了停止吊装作业的指令。施工项目经理签收暂停令后，仍要求施工人员继续进行吊装。总监理工程师报告了建设单位，建设单位负责人称工期紧迫，要求总监理工程师收回吊装作业暂停令。

事件4：由于施工单位的原因，施工总工期延误5个月，监理服务期到30个月。监理单位要求建设单位增加监理费32万元，而建设单位认为监理服务期延长是施工单位造成的，监理单位对此负有责任，不同意增加监理费。

试根据上述背景材料，回答下列问题：

（1）指出事件1中建设单位做法的不妥之处，写出正确做法。

（2）指出事件2中专业监理工程师的不妥之处，写出正确做法。

（3）指出事件2和事件3中施工项目经理在吊装作业中的不妥之处，写出正确做法。

（4）分别指出事件3中建设单位、总监理工程师工作中的不妥之处，写出正确做法。

（5）事件4中，监理单位要求建设单位增加监理费是否合理？说明理由。

5. 某高速公路项目，施工合同采用《公路工程标准施工招标文件》（2009年版）合同条款。发包人委托监理人进行施工监理。该工程施工过程中，陆续发生了如下事件：

（1）在进行某段路基施工时，因施工现场下雨，为了保证路基填筑质量，总监理工程师于2013年8月20日下达了暂停施工指令，共停工15天。其中连续10天出现了低于工程所在地雨期平均降雨量的雨天气候和连续5天出现了30年以上一遇的特大暴雨，承包人在2013年10月20日直接向发包人提交了要求延长工期和增加费用的索赔意向通知书，要求发包人给予5天的工期补偿及相关费用10万元。

（2）某混凝土挡墙工程，是该工程项目关键线路上的工作，承包人为了保证工期不受到影响，在该挡墙开工报告中，计划在夜间加班进行混凝土浇筑，该报告得到了监理人的批准。但在施工过程中，现场周围居民因承包人在夜间进行混凝土浇筑影响正常休息为由，阻止承包人在夜间进行施工，致使该段挡墙没能按批准的计划工期完工，并将影响整个工程的工期推迟5天完成。承包人在合同规定的时限内立即向监理人提交了要求延长工期和增加费用的索赔意向通知书，要求发包人给予工期5天的补偿和相关费用补偿5万元。

针对上述两项事件，该承包人提出的延长工期和增加费用的索赔要求是否成立？为什么？

6. 某高速公路施工合同采用《公路工程标准施工招标文件》（2009年版）合同条款，发包人委托某监理单位进行施工监理。在施工中发生如下争议事件：

在某桥面施工时，按技术规范要求，在该桥桥面找平层混凝土施工完成后，应在找平层上喷洒一层沥青胶结材料底层及三层防水沥青，但施工图纸上没有标明，工程量清单中也没有出现该项工作。承包人认为，他们只是按施工图纸施工，既然图纸没有要求，他们也就没有责任再去喷洒沥青胶结材料底层及三层防水沥青，如果要求他们做该项防水处理工作，发包人必须针对该项防水处理工作支付相应费用。但监理人明确指示承包人必须按技术规范要求进行该防水处理工作，且不再增加任何费用。

试问监理人的指示是否符合合同要求？为什么？

考点5　合同管理的工作程序及方法

一、单项选择题

1. 下列合同形式中，承包人承担风险最大的合同类型是（　　）。

A. 固定总价合同　　B. 固定单价合同

C. 成本加固定费用合同　　D. 最大成本加费用合同

2. 某高速公路在缺陷责任期间，发生路侧防撞护栏被盗事件，发包人要求承包人自费重新安装护栏，监理人应（　　）。

A. 支持发包人的全部主张

B. 否定发包人的全部主张

C. 支持发包人要求承包人重新安装护栏的要求，但应由发包人支付相应的费用

D. 支持发包人要求承包人重新安装护栏的要求，但相应的费用发包人和承包人共同承担

3. 依据《公路工程标准施工招标文件》（2009 年版）合同条款的有关规定，承包人有权（　　）。

A. 自主决定将所承包的部分工程分包出去

B. 自主决定分包和转让所承包的工程

C. 经发包人同意转包所承包的工程

D. 经监理人审查并报经发包人批准后，分包所承包的部分工程

4. 施工合同约定施工过程中所需材料由施工单位提供。在该材料运输途中发生了道路交通事故造成第三者人身伤害和财产损失，则该损失（　　）第三者责任险的赔偿范围。

A. 属于　　B. 不属于

C. 不一定属于　　D. 由当事人协商决定是否属于

5. 在履行施工合同过程中，承包人违反合同条款的约定使用了不合格材料或工程设备，工程质量达不到标准要求，又拒绝清除不合格工程时，监理人可向承包人发出整改通知，要求其在指定的期限内改正。监理人发出整改通知（　　）天后，承包人仍不纠正违约行为的，发包人可向承包人发出解除合同通知。

A. 7　　B. 14

C. 21　　D. 28

6. 公路施工过程中可能会因工程意外事故造成附近村民的人身伤害或财产损失，承包人应通过办理（　　）来处置该风险。

A. 建筑工程一切险　　B. 人身意外伤害险

C. 第三者责任险　　D. 工伤事故保险

7. 工程变更必须经（　　）批准后，承包人才能实施。

A. 设计单位　　B. 发包人

C. 监理人　　D. 审图机构

8.《公路工程标准施工招标文件》（2009 年版）合同条款规定，发包人认为有必要，由监理人通知承包人以计日工方式实施（　　）。

A. 专业分包工作

B. 劳务分包工作

C. 变更的零星工作

D. 工程量清单中单价子目中的任何一项工作

9. 在合同履行过程中，可能发生合同条款约定的导致变更的情形时，监理人应按合同条款的约定向承包人发出（　　）。

A. 变更意向书　　B. 变更指示

C. 变更建议书　　D. 变更报价书

10. 除专用合同条款对期限另有约定外，承包人应在收到变更指示或变更意向书后的（　　）天内，向监理人提交变更报价书。

A. 7　　B. 14　　C. 28　　D. 42

11. 某路基工程施工过程中的某天下午下小雨，为了保证施工质量，监理人下达暂停施工的指令，工程停工一天，承包人就此停工提出费用索赔和工程延期的要求，对此要求，监理人应（　　）。

A. 拒绝受理　　B. 与承包人协商后再作决定

C. 予以受理　　D. 请示发包人后再作决定

12. 按照《公路工程标准施工招标文件》(2009 年版）合同条款的规定，承包人按合同条款的约定接受了（　　）后，应被认为已无权再提出在合同工程交工验收证书颁发前所发生的任何索赔。

A. 交工验收证书　　B. 交工付款证书

C. 缺陷责任期终止证书　　D. 最终结清证书

13. 在施工合同履行期间，下列因不可抗力造成损害的责任中，应由承包人承担的是（　　）。

A. 永久工程的损害

B. 已运至施工场地的材料的损害

C. 承包人的停工损失

D. 因工程损害造成的第三者的财产损失

14.《公路工程标准施工招标文件》(2009 年版）合同条款规定，监理人应对承包人提供的费用索赔证据和账目进行审查核实，在与发包人和承包人协商后，确定承包人应得到的索赔款额，并将其列入经核查的（　　）内予以支付。监理人应将此决定通知承包人，并抄送发包人。

A. 进度付款证书　　B. 最终结清证书

C. 专项付款证书　　D. 进度付款证书或最终结清证书

15. 监理人在对分包工程实施现场监管时，发现分包工程在质量、进度等方面出现问题，此时，监理人应（　　）。

A. 直接向分包人下达指令，要求分包人采取措施整改

B. 直接向承包人下达指令，要求承包人采取措施整改

C. 通过发包人对分包工程采取措施处理

D. 直接对分包工程采取措施处理

16. 某公路工程施工合同签订后，承包人在经发包人同意后将其所承包工程的一部分分包给第三人，并与其签订了分包合同。那么，既是施工合同一方当事人又是分包合同一方当事人的是（　　）。

A. 发包人　　B. 承包人

C. 监理人　　D. 分包人

二、多项选择题

1. 承包人按合同规定，在开始施工前将编制好的施工进度计划提交给监理人。经监理人审查批准的施工进度计划，在合同管理中的表现为（　　）。

A. 承包人应按该计划组织施工

B. 监理人应按该计划进行进度控制

C. 施工过程中监理人无权要求承包人修改该计划

D. 发包人应按该计划中要求的时间移交施工现场

E. 承包人未能按该计划完成工程，监理人应负连带责任

2. 根据《公路工程标准施工招标文件》（2009 年版）合同条款的规定，在工程施工过程中，承包人进行专业分包必须遵守的规定包括（　　）。

A. 专业分包人应具备相应的专业承包资质

B. 承包人可以将工程主体、关键性工作分包给第三人

C. 专业分包的工程量累计不得超过总工程量的 30%

D. 所有专业分包计划和专业分包合同须报监理人审批，并报发包人核备

E. 承包人应与分包人就分包工程向发包人承担连带责任

3. 根据现行公路工程施工合同条款的规定，合同当事人应办理的保险有（　　）。

A. 建筑工程一切险　　B. 工伤事故保险

C. 人身意外伤害险　　D. 第三者责任险

E. 货物运输险

4. 按照《公路工程标准施工招标文件》（2009 年版）合同条款的规定，在履行施工合同过程中发生的下列情况中，属于承包人违约的有（　　）。

A. 由于不可抗力的发生导致某分项工程未能按计划完成

B. 承包人未经监理人批准，私自将已按合同约定进入施工场地的施工设备撤离施工场地

C. 承包人私自将合同的全部或部分权利转让给其他人

D. 承包人未按承诺及时配备称职的主要管理人员或关键施工设备

E. 承包人无法继续履行或明确表示不履行或实质上已停止履行合同

5. 按照《公路工程标准施工招标文件》（2009 年版）合同条款的规定，对于承包人发生的各种违约情况，发包人应采取的处理对策可能有（　　）。

A. 通知承包人立即解除合同

B. 通知承包人在指定的期限内改正

C. 向承包人处以合同条款中规定的违约金

D. 修改合同条款，另行委托其他承包人施工

E. 立即扣留承包人在现场的材料、设备和临时设施

6. 在履行合同过程中，由于下列（　　）原因造成某关键工作发生延误的，承包人有权要求发包人延长工期和增加费用，并支付合理利润。

A. 因变更增加合同工作内容
B. 发包人迟延提供材料、工程设备
C. 发包人提供图纸延误
D. 发包人未按合同约定及时支付进度款
E. 出现异常恶劣的气候条件

7. 按索赔的目标不同，索赔可分为（　　）。

A. 变更索赔
B. 工期索赔
C. 延期索赔
D. 费用索赔
E. 合同内索赔

8. 监理工程师应根据合同规定，对工程保险办理的情况进行检查，检查的内容包括（　　）。

A. 保险的种类
B. 保险金额
C. 保险内容
D. 保险期限
E. 保险公司

9. 在施工合同履行过程中，可导致发生工程变更的原因包括（　　）等。

A. 实际完成的工程量超过工程量清单中的工程量

B. 发包人对合同工程提出新的要求

C. 由于合同出现缺陷，必须调整或修改

D. 工程环境发生重大变化，需要对施工工艺进行修改

E. 由于设计单位没有正确理解发包人的意图导致图纸修改

10. 交通运输部《公路工程设计变更管理办法》将设计变更划分为（　　）。

A. 特大设计变更
B. 重大设计变更
C. 较大设计变更
D. 一般设计变更

E. 设计变更洽商

11. 下列关于计日工的说法中，正确的是（　　）。

A. 计日工可以调价

B. 计日工是对零星工作采取的一种计价方式

C. 采用计日工计价的任何一项变更工作，应从暂列金额中支付

D. 未经监理人书面指令，任何工程不得按计日工施工

E. 计日工的价款按列入已标价工程量清单中的计日工计价子目及其单价进行计算

12. 在合同履行过程中，监理人可依据合同条款约定向承包人发出变更指示。变更指示的内容主要有（　　）等。

A. 变更目、范围与内容　　B. 变更工程的进度和技术要求

C. 变更的工程量　　D. 与变更有的关图纸和文件

E. 变更工作的价格组成及其依据

13. 按照合同条款的规定，因变更引起的价格调整，其估价的原则包括（　　）。

A. 如果取消某项工作，则该项工作的总额价不予支付

B. 已标价工程量清单中有适用于变更工作的子目的，采用该子目的单价

C. 已标价工程量清单中无适用于变更工作的子目，但有类似子目的，可在合理范围内参照类似子目的单价，由监理人按合同条款商定或确定变更工作的单价

D. 已标价工程量清单中无适用或类似子目的单价，可在综合考虑承包人在投标时所提供的单价分析表的基础上，由监理人按合同条款商定或确定变更工作的单价

E. 已标价工程量清单中无适用或类似子目的单价，可按成本加利润的原则，由监理人按合同条款商定或确定变更工作的单价

14. 在施工过程中，由于发包人未按合同约定及时支付进度款造成工期延误，承包人可索赔的内容包括（　　）。

A. 增加费用　　B. 延长工期

C. 支付合理利润　　D. 变更工程

E. 分包工程

15. 某工程施工过程中，下列原因造成工期延误，而且受影响的工作处在工程施工进度网络计划的关键线路上，承包人有权要求发包人延长工期的有（　　）。

A. 发生强烈地震

B. 异常恶劣的气候条件

C. 承包人缺乏足够的施工机械设备

D. 监理人未能在合同规定的时间内向承包人提供图纸

E. 增加合同工作内容，或改变合同中某项工作的质量要求或其他特性

16. 因工程变更，监理人下达了某分项工程的暂停令，使承包人的一台专用机械设备闲

置，对承包人的设备闲置损失应按（　　）方法来计算。

A. 机械设备燃料费　　B. 机械台班费

C. 机械折旧费　　D. 机械设备租赁费

E. 机械设备的进出场费

17. 监理工程师对承包人提交的费用索赔报告的审核主要包括（　　）两个方面。

A. 判定索赔事件是否成立　　B. 审核索赔事件发生的过程

C. 审核索赔的依据是否充分　　D. 核查承包人的索赔额计算是否正确

E. 审核索赔的证据资料是否真实、充足

18. 监理工程师对费用索赔评估的内容主要包括（　　）。

A. 索赔事实与原因的查证　　B. 索赔依据的查证

C. 索赔证据的查证　　D. 索赔额的核实

E. 索赔报告的审核

19.《公路工程标准施工招标文件》(2009 年版) 合同条款规定的合同争议的解决方式有（　　）。

A. 提交监理人裁定　　B. 友好协商或提请争议评审组评审

C. 通过双方的上级主管部门进行调解　　D. 向约定的仲裁委员会申请仲裁

E. 向有管辖权的人民法院提起诉讼

三、判断题

1. 承包人的项目经理部可直接与劳务分包人签订劳务分包合同。（　　）

2. 施工合同当事人已按合同约定办理了建筑工程一切险。在施工期过程中因设计错误而造成永久工程、临时工程的损坏。对于该损失合同当事人可以请求保险公司给予赔偿。（　　）

3. 合同当事人按照合同约定办理了各种保险后，就无须进行风险控制和管理。（　　）

4. 承包人违反合同规定，私自将合同的全部或部分权利转让给其他人，或私自将合同的全部或部分义务转移给其他人的，发包人可通知承包人立即解除合同。（　　）

5. 因承包人违约而导致合同解除后，发包人可另行组织人员施工。发包人因继续完成该工程的需要，有权扣留使用承包人在现场的材料、设备和临时设施。（　　）

6. 未经发包人同意，承包人不得将其承包工程的任何部分分包给第三人。（　　）

7. 工程分包就意味着可以解除承包人对分包工程所承担的任何责任和义务。（　　）

8. 由于负有投保义务的一方当事人未按合同约定办理保险，或未能使保险持续有效的，监理人可代为办理，所需费用由该当事人承担。（　　）

9. 合同变更就是工程变更。（　　）

10. 变更指示只能由监理人发出。没有监理人的变更指示，承包人不得擅自变更。（　　）

11. 监理人可按合同条款的约定向承包人发出变更意向书。承包人收到变更意向书后，应按变更意向书进行变更工作。（　）

12. 未经监理人书面指令，任何工程不得按计日工施工；接到监理人按计日工施工的书面指令，承包人也不得拒绝。（　）

13. 在合同履行过程中，根据工程实际情况可以对计日工进行调价。（　）

14. 合同工程量清单中某子目实际完成的工程量超过了该子目清单工程量，这种工程数量的增加就属于变更。（　）

15. 允许承包人费用索赔对发包人是不利的。（　）

16. 只要发生工程延期，就一定伴随着费用索赔。（　）

17. 仲裁裁决被人民法院裁定不予执行的，当事人不得重新申请仲裁，但可以向人民法院起诉。（　）

18. 在提请争议评审、仲裁或者诉讼前，以及在争议评审、仲裁或诉讼过程中，发包人和承包人均可共同努力友好协商解决争议。（　）

四、综合分析题

1. 某一级公路的业主根据有关规定对该公路的附属工程1 000m^2边坡绿化工程进行公开招标。某承包人经过竞标低价中标，并与业主签订了固定总价合同。合同工期为3个月。

在承包人进入施工现场后，业主因资金紧张，无法如期支付工程款，口头要求承包人暂停施工一个月。承包人也口头答应。在交工验收时业主发现工程质量有问题，要求返工。两个月后，返工完毕。结算时业主认为承包人延迟交付工程，应按合同规定向业主支付逾期交工违约金。承包人认为临时停工是业主要求的，承包人为了赶工期才出现质量问题，因此延误责任不在承包人一方。业主认为临时停工和不顺延工期是当时承包人同意的，承包人应履行承诺，承担违约责任。

试根据以上背景材料，回答下列问题：

（1）该工程采用固定总价合同是否合适？

（2）该施工合同变更形式是否妥当？

2. 某公路工程在施工过程中发生了如下事件：

事件1：施工过程中，由于施工单位遗失工程某部位施工图纸，施工人员凭经验施工，现场监理员发现时，该部位的施工已经完毕。监理员报告了总监理工程师，总监理工程师到现场后，指令施工单位暂停施工，并报告建设单位。建设单位要求设计单位对该部位结构进行核算。经设计单位核算，该部位结构能够满足安全和使用功能的要求，设计单位电话告知建设单位，可以不作处理。

事件2：由于事件1的发生，项目监理机构认为施工单位未按图纸施工，该部位工程不予计量；施工单位认为停工造成了工期拖延，向项目监理机构提出了工程延期申请。

事件3：主体工程施工时，由于发生不可抗力事件，造成施工现场用于工程施工的材料损坏，导致经济损失和工期拖延，施工单位按程序提出了工期和费用索赔。

事件4：施工单位为了确保设备安装质量，在施工组织设计原定检测计划的基础上，又委托一家检测单位加强安装过程的检测。安装工程结束时，施工单位要求项目监理机构支付其增加的检测费用，但被监理机构拒绝。

试根据上述背景材料，回答以下问题：

（1）指出事件1中的不妥之处，写出正确做法。该部位结构是否可以验收？为什么？

（2）指出事件2中项目监理机构对该部位工程不予计量是否正确？说明理由。项目监理机构是否应该批准工程延期申请？为什么？

（3）事件3中施工单位提出的工期和费用索赔是否成立？为什么？

（4）事件4中监理机构的做法是否正确？为什么？

3. 某公路工程的建设单位通过公开招标的方式与施工单位签订了施工合同。该施工合同采用《公路工程标准施工招标文件》（2009年版）合同条款。

在施工过程中，发包人认为该工程涵洞数量太少，无法满足排水需要，于是提出增加三座涵洞，所增加的涵洞在已标价工程量清单中有相同的子目。监理人在经发包人同意后向承包人发出变更意向通知书。承包人收到变更意向书后认为该变更可行，在合同规定的时间内向监理人提交了变更报价书。监理人收到承包人变更报价书后，在与合同当事人协商后确定了变更工作的单价。最后监理人向承包人发出变更指示，要求承包人实施该变更。

根据上述背景材料，回答以下问题：

（1）试说明合同条款规定的变更的范围和内容。

（2）试说明合同条款规定的变更的估价原则。

（3）试说明变更指示应包含的主要内容。

（4）试说明增加三座涵洞是否构成变更？说明理由。如何确定所增加涵洞的价格？

4. 某工程项目的建设单位采用《公路工程标准施工招标文件》（2009年版）编制招标文件，通过公开招标与某承包人签订了施工合同。工程招标时，招标人提供的参考资料中标识的施工用砂料源地点距施工现场4km。但是工程开工后，经检查发现该砂质量不符合要求，承包人只得从另一距工地20km的供砂点采购。而在一个关键工作面上又发生了4项临时停工事件：

事件1：5月20日至5月26日承包人的施工设备出现了从未出现过的故障；

事件2：计划于5月24日交给承包人的后续图纸直到6月10日才交给承包人；

事件3：6月7日至6月12日施工现场下了罕见特大暴雨；

事件4：6月11日至6月14日该地区突然供电全面中断（合同规定，承包人不需自备发电机）。

根据上述背景材料，解答下列问题：

（1）通常情况下，承包人的索赔要求成立的条件是什么？

（2）由于供砂距离的增大，必然引起费用的增加，承包人经过仔细计算后，在合同规定的时间内向监理人提交了将原用砂单价每吨提高5元人民币的费用索赔要求。该费用索赔要求是否成立？为什么？

（3）承包人按规定的索赔程序针对上述4项临时停工事件提出了索赔要求，试说明每项事件工期和费用索赔能否成立？为什么？

（4）试计算承包人应得到的工期和费用索赔是多少（合同约定：若费用索赔成立，则发包人按2万元/天补偿给承包人）？

（5）若承包人对因建设单位原因造成窝工损失进行索赔时，要求施工设备窝工损失按台班计算，人工的损失按工日单价计算是否合理？如不合理应怎样计算？

5. 某公路工程施工项目签约后，承包人在工程现场附近找到满足技术规范要求的施工料源，但由于地方保护、哄抬物价的影响，导致材料价格大幅上涨。承包人就此提出申请，要求通过设计变更调整材料单价，而发包人认为根据合同条款的规定，承包人已经认真进行了现场考察，在市场经济条件下对此应有充分考虑，因此拒绝给予承包人任何经济补偿。

根据上述背景材料，试解答以下问题：

（1）作为监理人你对此有何看法？

（2）承包人应吸取什么经验教训？

6. 某承包人通过公开投标竞争承包了某桥梁工程施工任务，并与业主签订了施工合同。施工合同签订后，经业主同意，承包人将其承包的该桥梁工程的一端连接线道路工程分包给某分包人。按合同要求，桥梁工程施工结束后，道路连接线工程才能开始施工。

按照设计文件的要求该道路工程有一段软土地基处理采用抛石挤淤处置，因此施工时需要大量块石。道路工程施工后，分包人发现承包人在修建桥梁时用块石建了很多围堰等临时工程，现在仍堆积在河道里。分包人向承包人提出要求使用这些块石的请求，承包人表示同意，但要求分包人自己到河里打捞这些块石。于是分包人派了三台自卸车去河道里打捞这些块石，但由于河道内分布有较厚的松软的沉积物，车辆陷入河滩里而无法移动，结果车辆轮胎严重磨损，而且还需租用承包人的推土机才能把车辆拖出来，同时租用承包人的挖掘机挖块石，运到道路施工现场后分两层铺筑。道路工程结算时承包人按土方单价给分包人支付。

请根据本案例分析承包人和分包人合同管理的经验教训。

考点6　公路工程施工监理合同

一、单项选择题

1. 下列各种文件中，不构成公路工程施工监理合同的是（　　）。

A. 监理投标人须知　　B. 监理投标文件

C. 监理中标通知书　　D. 公路工程施工监理规范

2. 某监理单位具备公路、桥梁施工乙级监理资质，下列有关该监理单位投标范围的说法中正确的是（　　）。

A. 全国范围内一、二、三类公路、桥隧工程

B. 全国范围内二、三类公路、桥隧工程

C. 本省范围内二、三类公路、桥隧工程

D. 本省范围内一类公路工程，全国范围内二、三类公路、桥隧工程

3. 下列文件中，不属于监理合同文件组成部分的是（　　）。

A. 中标通知书　　B. 投标文件

C. 监理规范　　D. 工程量清单

4. 根据公路工程施工监理合同通用条款的规定，监理合同生效的时间，以（　　）为准。

A. 施工合同开始执行之日

B. 监理合同中约定的时间

C. 监理单位实际开始执行监理业务之日

D. 监理合同签字之日

5. 以下各备选项中，（　　）属于施工监理合同中规定的监理人的义务。

A. 将监理权限及时书面通知已选定的施工承包人

B. 向已选定的施工承包人提供完成工程所需的工作条件

C. 负责工程的所有外部关系的协调工作

D. 监理合同终止后3年内，不得泄露本工程的有关保密资料

6. 公路工程施工监理服务费用由派驻监理人员费用、现场费用、（　　）、利润和税金四部分组成。

A. 临时设施费　　B. 企业管理费

C. 附加监理服务费　　D. 财务费用

7. 施工阶段监理服务费在合同约定的正常施工阶段期限内按（　　）支付。

A. 发包人要求的方式　　B. 监理人要求的方式

C. 月平均　　D. 月工日数

8. 公路工程施工监理正常监理服务费用中施工阶段监理服务费应依监理工程的（ ）为计费额，按照有关规定计算。

A. 工程概算投资额　　B. 建筑安装工程费

C. 监理服务费总额　　D. 主管部门规定的标准

二、多项选择题

1. 获得公路工程专业甲级监理资质的监理企业，可在全国范围内从事（ ）项目的监理业务。

A. 一类公路工程　　B. 一类桥梁工程

C. 一类隧道工程　　D. 特殊独立大桥专项

E. 特殊独立隧道专项

2. 对公路工程施工监理投标人的资格要求主要包括（ ）。

A. 具有相应的资金规模

B. 具有相应的试验检测资质

C. 具有相应的工程施工监理经验

D. 具有相应的监理资质等级

E. 持有工商行政主管部门核发的企业法人营业执照

3. 公路工程施工监理投标文件中的财务建议书的组成包括（ ）。

A. 投标书　　B. 投标保证金

C. 财务建议书递交函　　D. 财务建议书说明

E. 监理服务费报价表

4. 公路工程施工监理投标文件中的技术建议书的组成包括（ ）。

A. 投标保证金　　B. 监理工作范围

C. 监理工作程序　　D. 监理大纲和措施

E. 对本工程建议

5. 某公路工程施工监理机构设置为二级监理机构，下列各项工作中，属于总监理工程师办公室职责的是（ ）。

A. 审批承包人提交的施工组织设计

B. 签发中期支付证书

C. 审批承包人提交的总体进度计划

D. 核算承包人对工程量清单的复核结果

E. 按有关规定对已完分部工程、单位工程及合同工程进行质量评定

6. 下列有关监理合同的生效、终止的说法中，正确的有（ ）。

A. 监理合同协议书生效的时间，以双方签署的协议书上约定的时间为准

B. 协议书经双方签字盖章后，监理人按约定提交履约保函后生效

C. 监理合同终止和失效的时间，按双方签署的协议书上注明的方式确定

D. 监理合同协议书在双方按照监理合同的约定履行完各自的义务和责任后自然终止

E. 监理合同协议书在监理投标人在收到监理中标通知书后生效

7. 公路工程施工监理服务目标通常可分为（　　）。

A. 监理服务履约目标　　B. 质量监理目标

C. 进度监理目标　　D. 费用监理目标

E. 对第三方履约管理的服务目标

8. 监理人在实施监理服务过程中的权利包括（　　）。

A. 工程索赔的审核权

B. 工程支付的签认权

C. 工程分包人的选择权

D. 工程技术方案的审核权

E. 工程建设有关单位组织协调的主持权

9. 根据《建设工程监理与相关服务收费管理规定》（发改价格［2007］670 号），计算施工阶段监理服务收费基准价时，对收费基价进行调整的系数有（　　）。

A. 专业调整系数　　B. 工程规模调整系数

C. 工程复杂程度调整系数　　D. 监理机构模式调整系数

E. 高程调整系数

三、判断题

1. 监理投标文件是监理合同文件的组成之一。（　　）

2. 如果非监理人的原因，致使监理服务时间需要延长，可由双方通过协商，另行签订补充协议。（　　）

3. 在经发包人同意后，监理人可将监理服务的某一部分分包给其他的监理人。（　　）

4. 公路工程施工监理服务目标就是指监理服务履约目标。（　　）

四、综合分析题

某高速公路施工项目，建设单位通过公开招标人的方式将该项目的施工监理工作委托给正大监理公司，并依法签订了监理合同。

该项目监理合同由监理合同协议书、合同通用条款、监理规范、技术规范组成。

监理合同通用条款中约定了监理人和发包人各自的义务，并对监理服务的费用与支付作出了规定。

在监理合同履行过程中，监理人将监理服务的一部分转让给华龙监理公司。发包人认为监理人的行为已构成违约，随即向监理人发出书面通知要求其限期改正。

根据上述背景材料，解答以下问题：

（1）该项目监理合同的组成是否完备？如不完备，还缺少哪几种文件？

（2）简要说明监理合同规定的监理人与发包人各自应承担的合同义务有哪些。

（3）监理人转让监理业务的行为是否构成违约？请说明在履行监理合同过程中，监理人的违约行为包括哪些？对于监理人的违约行为，发包人应如何处理？

（4）请说明监理服务费用的组成及支付方式。

第二部分　专项练习题参考答案与解析

考点 1　法律基础知识

一、单项选择题

1. **答案：**A

解析：本题主要考查合同与法律的关系。

合同与法律的关系如下：①合同是一种法律手段，订立合同是一种法律行为。②合同必须服从法律，只有依法订立的合同，才具有法律约束力。③合同依法成立后，即具有法律效力，受国家强制力的保障。④合同关系是一种民事法律关系。

2. **答案：**B

解析：法律规定：第三人明知代理人的行为属于没有代理权、超越代理权、代理权终止后的代理，但仍与代理人签订合同，对他人造成损失时，该第三人与代理人负连带责任。

3. **答案：**A

解析：合同法律关系的客体，是指合同法律关系主体的权利和义务共同所指向的对象。

合同法律关系客体的种类主要包括物、财、行为、智力成果等。

建设工程施工合同的客体是工程建筑物，也就是法律意义上的物。

4. **答案：**B

解析：法律关系的主体，是指参加法律关系，享受民事权利、承担民事义务的当事人。其中，享有权利的一方叫权利主体，承担义务的一方是义务主体。在大多数法律关系中，主体都享有权利并承担义务。此时，某一方当事人既是权利主体，又是义务主体。

二、多项选择题

1. **答案：**ACDE

解析：合同与法律的关系主要表现在以下几方面：①合同是一种法律手段，订立合同是一种法律行为。②合同订立必须以法律为前提，合同必须服从法律。③合同只有依法成立时，才具有法律约束力。④合同当事人之间的关系实际上是一种法律关系。

2. **答案：**ABC

解析：代理的基本法律特征包括：①代理人必须在代理权限范围内实施代理行为；②代理人以被代理人的名义实施代理行为；③代理人在被代理人的授权范围内独立地表现自己的意志；④代理是一种法律行为，被代理人对代理人的代理行为承担民事责任。需特别注意的是被代理人只对代理行为承担民事责任，而不是对代理人的所有行为负责。

3. **答案：**ACE

解析：依代理权产生的依据不同，代理可分为委托代理、法定代理、指定代理三类。

（1）委托代理。委托代理是基于被代理人对代理人的直接委托授权而产生代理权的代理行为。

（2）法定代理。法定代理是指根据法律的规定而产生代理权的代理行为。

（3）指定代理。指定代理是指根据人民法院或者有关行政主管机关的指定而产生代理权的代理行为。

4. **答案：**BD

解析：无权代理是指行为人没有代理权而以他人名义实施民事行为。

对于无权代理行为，被代理人可以根据无权代理行为的后果对自己有利或不利的原则，行使“追认权”或“拒绝权”。

5. **答案：**ACD

解析：法律关系是由法律规范所确定的当事人之间的权利和义务关系。在市场经济条件下，合同法律关系是一种最常见和最重要的法律关系。

合同法律关系是由主体、客体、内容三个要素构成的。这三个要素构成了民事法律关系，缺少其中任何一个要素都不能构成民事法律关系，改变其中的任何一个要素就改变了原来设定的民事法律关系。

6. **答案：**ABCE

解析：合同法律关系的客体主要包括物、财（即货币资金及有价证券）、行为、智力成果等。其中，物是指可为人们控制，并且有经济价值的生产资料、消费资料及货币，如建筑物、机械设备、运输工具、建筑材料等；行为是指人的有意识的活动，多表现为完成一定的工作，如勘察设计活动、施工监理活动、技术咨询服务等；智力成果是通过人的智力活动所创造出的非物质财富或精神成果，如知识产权、发明专利、计算机软件、技术秘密等。

禁止流通物（毒品等）是不能成为合同法律关系客体的。

7. **答案：**ACD

解析：合同法律关系的客体，也称为合同标的，是指合同法律关系主体的权利和义务共同所指向的对象。合同法律关系客体的种类主要包括物（包括货币资金）、行为、智力成果等。

三、判断题

1. **答案：**√

解析：合同的目的是设立、变更、终止一定的民事法律关系。换句话说，在当事人之间既可以通过合同设立一定的民事法律关系，如订立买卖合同，建立买卖关系；也可以通过协议使相互间原有的民事关系发生变更或终止，如通过协议解除原有的买卖关系。

2. **答案：**×

解析：适用于《合同法》的合同仅是有关债权债务关系的协议。《合同法》规定，当事人之间有关婚姻、收养、监护等身份关系方面的协议以及行政合同、劳动合同等，适用于其他法律规定，不适用于合同法的规定。

3. **答案：**×

解析：代理就是代理人以被代理人的名义，在授权范围内向第三人作出意思表示或接受第三人的意思表示，所产生的的权利和义务由被代理人享有和承担的法律行为。

4. **答案：**×

解析：法律规定，对委托代理，因委托授权不明给第三人造成损失的，被代理人应当向第三人承担民事责任，代理人负连带责任。

5. **答案：**×

解析：合同法律关系是由主体、客体（有时也称为合同标的或标的物）、内容三个要素构成的。这三个要素构成了合同法律关系，缺少其中任何一个要素都不能构成合同法律关系，改变其中的任何一个要素就改变了原来设定的合同法律关系。

6. **答案：**×

解析：合同法律关系的主体就是指参加合同法律关系的当事人。其中，享有权利的一方叫权利主体，承担义务的一方是义务主体。在大多数合同法律关系中，合同主体都享有权利并承担义务。此时，某一方当事人既是权利主体，又是义务主体。

7. **答案：**×

解析：合同法律关系的内容是指合同约定和法律规定的合同主体的权利和义务。合同法律关系的内容与合同的内容是两个不同的概念。合同的内容中凡属于合同当事人享有的权利和承担的义务的部分就是合同法律关系中的内容，凡不是合同当事人享有的权利和承担的义务的部分就不是合同法律关系中的内容。

四、综合分析题

1. **答案：**（1）王某代表公司参加某公路工程施工投标的行为属于代理行为，该代理属于委托代理。

（2）委托代理成立应当满足以下三个条件：①代理人必须事先取得被代理人（或委托单位）的委托授权书；②代理人必须在授权范围内进行代理；③代理人必须以被代理人（或委托单位）的名义进行代理。

（3）王某代表公司参加某公路工程施工投标的代理行为，属于无权代理。

因为在施工单位提交的投标文件中没有法定代表人签发的委托授权书，也就是说被代理人没有向代理人委托授权，那么代理人没有代理权，而以被代理人（或委托单位）的名义进行代理即构成无权代理。

2. **答案**：（1）合同法律关系，是指由合同法律规范所调整的在民事流转过程中所产生的权利义务关系。

背景材料中涉及的合同法律关系有以下三个：①建设单位与北方路桥公司之间签订了施工合同，它们之间存在施工合同法律关系；②建设单位与诚信监理有限公司之间签订了监理合同，它们之间存在着监理合同法律关系；③北方路桥公司与光明建筑公司之间签订了分包合同，它们之间存在着分包合同法律关系。

（2）合同法律关系是由主体、客体、内容三个要素构成。

主体：合同法律关系的主体，是指参加合同法律关系，享受民事权利、承担民事义务的当事人。合同法律关系的主体可以是自然人、法人或其他组织。

客体：合同法律关系的客体，是指合同法律关系主体的权利和义务共同所指向的对象。合同法律关系客体的种类主要包括物、行为、智力成果等。

内容：合同法律关系的内容是指合同约定和法律规定的合同主体的权利和义务。

本题中施工合同法律关系三要素分别指：①主体：建设单位和北方路桥公司。②客体：该工程项目。③内容：施工合同中约定的建设单位和北方路桥公司的权利和义务。

（3）法人应具备的条件：①依法成立；②有必要的财产或者经费；③有自己的名称、组织机构和场所；④能够独立承担民事责任。

（4）在签订施工合同中，张三的法定身份是委托代理人；李四的法定身份是法定代表人。

考点2　合　同　法

一、单项选择题

1. **答案**：B

解析：当事人订立合同，有书面形式、口头形式和其他形式。

《合同法》第270条规定，建设工程合同应当采用书面形式。

2. **答案**：A

解析：《合同法》第269条规定，建设工程合同是承包人进行工程建设，发包人支付价款的合同。建设工程合同包括工程勘察、设计、施工合同。

需说明的是，监理合同属于委托合同，不属于建设工程合同。

3. **答案**：D

解析：公路工程施工合同在履行过程中，通常是施工单位先施工，待完成的工程经检查验收合格后，建设单位（或监理工程师）再予以计量支付。从这个角度看，施工单位是先履行合同义务的一方，建设单位是后履行义务的一方。当先履行合同的施工单位不履行约定义务时，后履行合同的建设单位有权暂时停止履行计量支付的义务。建设单位的这一行为是在行使先履行抗辩权。

4. **答案**：D

解析：合同的保全措施有两种，即代位权和撤销权。撤销权是指债权人对债务人所作出的危害其债权的民事行为，有请求法院予以撤销的权利。

撤销权自债权人知道或者应当知道撤销事由之日起1年内行使，但自撤销事由发生之日起5年内没有行使撤销权的，该撤销权消灭。

5. **答案**：C

解析：（1）因债务人放弃其到期债权或者无偿转让财产，对债权人造成损害的，债权人可以请求人民法院撤销债务人的行为。债务人以明显不合理的低价转让财产，对债权人造成损害，债权人也可以请求人民法院撤销债务人的行为。反之，如果债务人的行为对债权人没有造成损害，则债权人不能行使撤销权。

（2）撤销权自债权人知道或者应当知道撤销事由之日起1年内行使，超过此期限的，撤销权消灭；自债务人的行为发生之日起5年内没有行使撤销权的，该撤销权也归于消灭。

6. **答案**：B

解析：订立合同的过程是当事人就合同内容采用要约和承诺方式进行协商的过程。换句话说，合同的订立需要经过要约和承诺两个阶段，这被称为合同订立的程序。

7. **答案**：C

解析：《合同法》规定，受要约人超过承诺期限发出承诺的，除要约人及时通知受要约人该承诺有效的以外，为新要约。

受要约人对要约的内容作出实质性变更的，为新要约。所谓受要约人对要约的内容作出实质性变更就是对合同主要条款，也就是对标的、数量、质量、价款或者报酬、履行期限、履行地点和方式、违约责任和解决争议方法等的变更。

8. **答案：**D

解析：①承诺对要约的内容作出了实质性变更，为新要约。②撤回承诺的通知与承诺同时到达要约人，则承诺撤回，承诺无效。③受要约人超过承诺期限发出承诺，除要约人及时通知受要约人该承诺有效的以外，为新要约。④承诺被延误，是指受要约人在承诺期限内发出的，因其他原因承诺到达要约人时超过承诺期限。合同法规定，受要约人在承诺期限内发出承诺，按照通常情形能够及时到达要约人，但因其他原因承诺到达要约人时超过承诺期限的，除要约人及时通知受要约人因承诺超过期限不接受该承诺的以外，该承诺有效。

9. **答案：**B

解析：《合同法》第276条规定，建设工程实行监理的，发包人应当与监理人采用书面形式订立委托监理合同。

10. **答案：**C

解析：《合同法》第287条规定，建设工程合同没有规定的，适用承揽合同的有关规定。

11. **答案：**C

解析：《合同法》规定：①采用合同书形式订立合同的，合同自双方当事人签字或者盖章时成立。双方当事人签字或者盖章的时间和地点即为合同成立的时间和地点。②采用合同书形式订立合同，在签字或盖章之前，当事人一方已经履行主要义务，对方接受的，合同成立。对方接受履行的时间和地点为合同成立的时间和地点。

12. **答案：**C

解析：承诺是受要约人接受要约人发出的要约中的全部条款，向要约人作出的同意按要约成立合同的意思表示。承诺与要约结合，方能构成合同。因此，如果法律和当事人双方对合同的形式、程序均没有特殊要求时，承诺生效时合同成立。

13. **答案：**A

解析：无效合同的确认权，归属人民法院或仲裁机构，除此之外，任何组织或个人都无权确认合同无效。人民法院或仲裁机构对无效合同的确认，具有溯及既往的法律效力。也就是说，无效合同从订立之时起就没有法律效力。

14. **答案：**C

解析：可撤销合同是指因当事人在订立合同的过程中意思表示不真实，经有撤销权的当事人的请求，由人民法院或仲裁机构依法裁定变更或撤销的合同。

15. **答案：**A

解析：无效合同的确认权归属人民法院或仲裁机构，人民法院或仲裁机构对无效合同的确认具有溯及既往的效力。换句话说，无效合同从订立之时起就没有法律效力。

16. **答案**：B

解析：《合同法》第57条规定，合同无效、被撤销或者终止，不影响合同中独立存在的有关解决争议方法的条款的效力。

《合同法》第98条规定，合同的权利义务终止，不影响合同中结算和清理条款的效力。

由此可知，合同中有关解决争议的条款的效力具有相对独立性，不受合同无效、被撤销或者终止的影响。

17. **答案**：C

解析：合同的撤销权应由合同当事人行使，并应向人民法院或者仲裁机构主张该项权利。换句话说，拥有撤销权的合同当事人向人民法院或者仲裁机构提出请求是合同被撤销的前提。当事人没有向人民法院或者仲裁机构提出合同变更或撤销的请求，人民法院或者仲裁机构不得变更合同或者撤销合同。这就是所谓的“不诉不理”的原则。

18. **答案**：D

解析：法人或者其他组织的法定代表人、负责人越权订立的合同。法定代表人或其他组织负责人在相应的权限内订立的合同是有效的。如果对方知道或者应当知道其超越权限的，则合同无效，否则，合同有效。

19. **答案**：D

解析：无权代理人订立的合同属于效力待定合同。

《合同法》规定，行为人没有代理权、超越代理权或者代理权终止后以被代理人名义订立的合同，即为无权代理人所订立的合同。对于无权代理人所订立的合同，如果被代理人对代理权予以追认或第三人有理由相信行为人有代理权的，则该合同有效；否则，合同无效。

20. **答案**：B

解析：主合同与从合同的关系是，主合同不仅影响从合同的存在，而且影响从合同的履行；而从合同并不影响主合同的存在，但它却影响主合同的履行。有没有从合同，主合同的履行情况和履行质量是不一样的，主合同与从合同并存可产生互补作用。

21. **答案**：A

解析：定金的数额由当事人约定，但不得超过主合同标的额的20%，超过的部分人民法院不予支持。

按照有关规定，勘察设计合同实行定金担保，定金为勘察设计费的20%。

定金罚则：①债务人履行债务后，定金应当抵作价款或收回。②给付定金的一方不履行约定债务的，无权要求返还定金；③收受定金的一方不履行约定债务的，应当双倍返还定金。

在本题中，建设单位是给付定金的一方，设计单位是收受定金的一方。设计单位无任何正当理由，不履行合同规定的设计任务，则应双倍返还定金给建设单位，即 $200\times20\%\times2=80$（万元）。

22. **答案**：C

解析：缔约过失责任发生于合同不成立或者合同无效的缔约过程中。缔约过失责任的表现形式是赔偿损失。

《合同法》第42条规定，当事人在订立合同过程中有下列情况之一，给对方造成损失的，应当承担缔约过失责任（即损害赔偿责任）：

①假借订立合同，恶意进行磋商；②故意隐瞒与订立合同有关的重要事实或者提供虚假情况；③有其他违背诚实信用原则的行为。

23. **答案**：D

解析：合同公证是指国家公证机构根据当事人双方的申请，依法对合同的真实性与合法性进行审查并予以确认的一项法律制度。

合同公证的依据是当事人的申请，这是自愿原则的体现。

24. **答案**：D

解析：《合同法》第117条规定，因不可抗力不能履行合同的，根据不可抗力的影响，部分或者全部免除责任，但法律另有规定的除外。当事人迟延履行后发生不可抗力的，不能免除责任。

25. **答案**：B

解析：（1）建设工程合同是承包单位进行工程建设、发包单位支付价款的合同。建设工程合同包括工程勘察、设计、施工合同。

（2）建设工程合同应当采用书面形式。

（3）承包人经发包人同意，可以将自己承包的部分工作交由第三人完成。第三人就其完成的工作成果与承包人向发包人承担连带责任。

（4）承包单位不得将其承包的全部建设工程转包给第三人或者将其承包的全部建设工程肢解以后以分包的名义分别转包给第三人。禁止承包单位将工程分包给不具备相应资质条件的单位。禁止分包单位将其承包的工程再分包。建设工程主体结构的施工必须由承包单位自行完成。

26. **答案**：D

解析：《合同法》第125条规定，当事人对合同条款的理解有争议的，应当按照合同所使用的词句、合同的有关条款、合同的目的、交易习惯以及诚实信用原则，确定该条款的真实意思。

27. **答案**：D

解析：根据《合同法》规定，当符合下列条件之一时，当事人一方可以解除合同：①因不可抗力致使不能实现合同目的；②在履行期限届满之前，当事人一方明确表示或者以自己的行为表明不履行主要债务的；③当事人一方迟延履行主要债务，经催告后在合理期限内仍未履行的；④当事人一方迟延履行债务或者有其他违约行为致使不能实现合同目的。

28. **答案**：B

解析：《合同法》第63条规定，执行政府定价或政府指导价的合同，在合同约定的交付期限内政府价格调整时，按照交付时的价格计价。逾期交付标的物的，遇价格上涨时，按照原价格执行；价格下降时，按照新价格执行。逾期提取标的物（即逾期接受货物）或者逾期付款的，遇价格上涨时，按照新价格执行；价格下降时，按照原价格执行。

29. **答案**：A

解析：当事人订立合同是为了实现其特定的目的，而只有履行合同才能实现合同目的。同时，违约的一方当事人承担赔偿损失，或支付违约金，或采取补救措施等都不能代替合同的履行。

30. **答案**：D

解析：《合同法》第 116 条规定，当事人在合同中既约定违约金，又约定定金的，当一方违约时，另一方可选择适用违约金或定金条款。

由此可知，违约金和定金这两种违约责任不能合并同时使用。

31. **答案**：B

解析：和解也称协商，是指产生合同争议的双方当事人在自愿友好的基础上，相互沟通、相互谅解，从而解决争议的一种方式。合同争议发生后，当事人应首先考虑通过协商解决争议，这符合双方当事人的利益。因此在解决争议时应坚持协商为主的原则。

32. **答案**：B

解析：仲裁是基于仲裁协议进行的，如果当事人在合同中未约定仲裁条款，而且又未达成仲裁协议时，就无法进行仲裁，只能选择诉讼。

二、多项选择题

1. **答案**：ABC

解析：按合同的效力不同，合同可以划分为以下四种类型：①有效合同；②无效合同；③可撤销合同；④效力待定合同。

2. **答案**：BC

解析：按合同的主从关系不同，合同可分为以下两类：

（1）主合同。是指不以其他合同的存在为前提而独立成立和独立发生效力的合同。例如，施工合同、设计合同、监理合同、分包合同等。

（2）从合同。是指必须依其他合同的存在为前提而成立并发生效力的合同。例如，担保合同、保险合同等就是根据施工合同的规定而订立的，因此，它们是施工合同的从合同。

3. **答案**：BCDE

解析：（1）格式条款是当事人为了重复使用而预先拟定，并在订立合同时未与对方协商的条款。

（2）提供格式条款的一方应当遵守公平原则，确定当事人之间的权利和义务，并采取合理的方式提请对方注意免除或限制其责任的条款，按照对方的要求对该条款予以说明。

（3）格式条款具有免除提供格式条款一方责任、加重对方责任、排除对方主要权利等情形的，该条款无效。

（4）对格式条款的理解有争议的，应当按照通常的理解予以解释。对格式条款有两种以上解释的，应作出不利于提供格式条款一方的解释。格式条款与非格式条款不一致的，应当采用非格式条款。

4. **答案：** ACD

解析： 合同履行中的抗辩权是指在双务合同的履行过程中，在满足一定法定条件时，合同当事人一方可以对抗对方当事人的履行要求，暂时拒绝履行合同约定的义务的权利。

根据合同当事人双方履行债务的顺序，履行抗辩权可分为：同时履行抗辩权，先履行抗辩权和不安抗辩权。

5. **答案：** ABCE

解析：《合同法》规定，应当先履行债务的当事人，有确切证据证明对方有以下列情形之一的，可以中止履行（中止履行就是暂时停止合同的履行）：①经营状况严重恶化；②转移财产、抽逃资金，以逃避债务；③丧失商业信誉；④有丧失或者可能丧失履行债务能力的其他情形。

6. **答案：** CD

解析： 本题主要考察合同保全的概念。

（1）合同保全，是指在合同履行过程中，为防止债务人的财产不当减少或债务人不当处分其权利，而危及债权人的债权时，法律规定允许债权人为确保其债权的实现而向债务人行使一定权利采取的法律措施。

（2）合同保全措施包括两种，即代位权和撤销权。

①代位权。代位权是指债权人为了保障其债权不受损害，而以自己的名义代替债务人行使其到期债权的权利。

②撤销权。撤销权是指债权人对于债务人危害其债权实现的不当行为，请求人民法院予以撤销的权利。

7. **答案：** ACE

解析：《合同法》第 19 条规定，有下列情形之一的，要约不得撤销：

（1）要约人确定了承诺期限或者以其他形式明示要约不可撤销；

（2）受要约人有理由认为要约是不可撤销，并已经为履行合同做了准备工作。

8. **答案：** BCE

解析： 以竞争形式订立合同时，要约和承诺最典型的表现形式是招标投标。招标投标可分为发布招标公告（或投标邀请书）、投标和发出中标通知书三个阶段。

（1）发布招标公告（或投标邀请书）：属于要约邀请，其目的是诱使更多的人提出要约，以便在其中选择最佳的缔约当事人。

（2）投标：属于要约，由投标人直接向招标人发出，以订立合同为目的，并含有合同成立所要求的内容的意思表示。

（3）发出中标通知书：属于承诺，由招标人直接向要约人发出，是同意要约的意思表示。

9. **答案：** ABCE

解析：《合同法》规定，有下列情形之一的，合同的权利义务终止：①债务已经按照约定履行；②合同解除；③债务相互抵销；④债务人依法将标的物提存；⑤债权人免除债务；⑥债权债务同归一人；⑦法律规定或者当事人约定终止的其他情形。

10. **答案**：ABC

解析：《合同法》第57条规定，合同无效、被撤销或者终止的，不影响合同中独立存在的有关解决争议方法的条款的效力。《合同法》第98条规定，合同的权利义务终止，不影响合同中清理条款和结算条款的效力。

11. **答案**：ABC

解析：《合同法》第269条规定，建设工程合同是承包人进行工程建设，发包人支付价款的合同。建设工程合同包括工程勘察、设计、施工合同。

12. **答案**：ABCDE

解析：《合同法》第275条规定，施工合同的内容包括工程范围、建设工期、中间交工工程的开工和竣工时间、工程质量、工程造价、技术资料交付时间、材料和设备供应责任、拨款和结算、竣工验收、质量保修范围和质量保证期、双方相互协作等条款。

13. **答案**：BCD

解析：合同成立，是指当事人各方依据合同订立的程序，就合同的主要条款取得合意并达成协议，以使合同法律关系成立的法律事实。

合同成立的条件包括：①必须具有两个或两个以上的合同当事人；②合同的订立须经过要约和承诺两个阶段；③当事人须对合同的主要条款达成合意。

14. **答案**：ABDE

解析：合同生效应当具备下列条件：

（1）合同当事人具有相应的民事权利能力和民事行为能力；

（2）当事人的意思表示真实；

（3）合同内容不违反法律、行政法规的强制性规定，不损害社会公共利益；

（4）合同订立的程序和形式符合要求。

15. **答案**：ABCE

解析：《合同法》第12条规定，合同的内容由当事人约定，一般包括以下条款：①当事人的名称或者姓名和住所；②标的；③数量；④质量；⑤价款或者酬金；⑥履行期限、地点和方式；⑦违约责任；⑧解决争议的方法。

应当指出的是，上述内容是一般合同必须具备的条款。不同类型的合同按需要还可以增加其他内容。

16. **答案**：BCD

解析：需要注意无效合同与可撤销合同的区别。

《合同法》第52条规定，下列合同为无效合同：

（1）一方以欺诈、胁迫的手段订立的，损害国家利益的合同；

（2）恶意串通所订立的，损害国家、集体或者第三人利益的合同；

（3）以合法形式掩盖非法目的的合同；

（4）损害社会公共利益的合同；

（5）违反法律、行政法规的强制性规定的合同。

《合同法》第54条规定，属于下列合同的，当事人一方有权请求人民法院或者仲裁机构变更或者撤销：

（1）因重大误解而订立的合同；

（2）在订立合同时显失公平的；

（3）一方以欺诈、胁迫的手段或者乘人之危，使对方在违背真实意思的情况下订立的合同。

17. **答案**：ABE

解析：可撤销合同，是指因当事人在订立合同的过程中意思表示不真实，经有撤销权的当事人的请求，由人民法院或仲裁机构依法裁定变更或撤销的合同。

可撤销合同的法律后果有以下情况：①在被变更或撤销之前，是有效的；②在变更后而继续有效；③被撤销后而丧失法律效力，即转化为无效合同。

合同法规定，被撤销的合同不影响其中独立存在的有关解决争议的方法（如仲裁条款）的条款的效力。

18. **答案**：BD

解析：根据《合同法》的规定，效力待定合同包括：①限制民事行为能力人订立的合同；②无代理权人代订的合同；③无处分权人处分他人财产的合同；④法人或者其他组织的法定代表人、负责人超越权限订立的合同。

19. **答案**：ABE

解析：根据《担保法》的规定，合同担保的形式有定金、保证、抵押、质押、留置五种。

20. **答案**：DE

解析：①保证担保中，只能由第三人作为保证人（担保人）为债务人履行合同债务向债权人作出担保。②抵押和质押担保中，债务人可以用第三人或自己的财产作为履行债务向债权人提供担保。因此，抵押和质押中的担保人既可以是第三人，也可以是主合同一方当事人。③定金和留置担保中的担保人只能是主合同一方当事人。

21. **答案**：ABCD

解析：缔约过失责任，又称缔约过错责任，是指由于当事人一方在缔结合同之际具有过失，从而导致合同不成立、无效或者被撤销，因此使对方遭受损失而应该承担的民事法律责任。

《合同法》第42和43条规定了承担缔约过失责任的几种情形：

①假借订立合同，恶意进行磋商；②故意隐瞒与订立合同有关的重要事实或者提供虚假情况；③有违反保密义务的行为；④有其他违背诚实信用原则的行为。

22. **答案**：BC

解析：（1）违约责任是在合同生效后所产生的一种法律责任。缔约过失责任是在订立合同的过程中产生的一种法律责任。

（2）当事人承担违约责任的基本条件是因自身的过错而有不履行合同的行为发生。

当事人承担缔约过失责任的条件包括：①须存在合同不成立、无效或者被撤销的事实；②缔约当事人一方有过错；③缔约另一方当事人受到损失；④过错行为与损失之间有因果关系。

23. **答案：**BCDE

解析：合同公证与鉴证的区别主要表现在以下几方面：

（1）性质不同。公证是公证机构作出的司法行政行为；鉴证是合同管理机关（工商行政管理机关）作出的管理行政行为。

（2）行使职权的机构不同。公证权是公证机构依法行使；鉴证权是工商行政管理机关依法行使。

（3）法律依据不同。公证的法律依据是《公证法》、《公证条例》；鉴证的法律依据是《合同鉴证办法》。

（4）效力不同。公证具有法定证据效力，可予以强制执行；鉴证则不具备强制执行的效力。因此，经过公证的合同，其法律效力高于经过鉴证的合同。

（5）法律效力的适用范围不同。公证在我国域内域外都有法律效力，而鉴证的效力只限于我国国内。

24. **答案：**ABCD

解析：合同生效应当具备的条件有：①当事人具有相应的民事行为能力；②当事人的意思表示真实；③不违反法律，不损害社会公共利益；④具备法律所要求的形式。

由此可见，合同公证或者鉴证并不是合同生效应当具备的条件。

25. **答案：**ABC

解析：不可抗力，是指合同双方当事人在订立合同时不能预见，在履行合同的过程中不能避免并不能克服的客观情况。

不可抗力一般包括以下两类：①各种自然灾害事件，如火灾、水灾、地震、台风、瘟疫等；②各种社会事件，如战争、动乱、暴动、武装冲突、罢工等以及政府法律、行政行为等。

不可抗力具有以下三个特点：①事先不能预见；②发生不可控制；③损失不可避免。

26. **答案：**AD

解析：《合同法》第118条规定，当事人因不可抗力不能履行合同的，应履行以下两项义务：①应当及时通知对方；②在合理期限内提供证据。

27. **答案：**ACDE

解析：合同履行的原则，是指合同当事人在履行合同时所必须遵循的行为准则。合同履行的原则包括：①合法原则；②诚实信用原则；③全面履行原则；④公平合理、促进合同履行的原则；⑤不得擅自变更合同的原则。

28. **答案：**ABE

解析：合同订立的原则有：①合法原则；②平等、自愿、公平原则；③诚实信用原则。

29. **答案：**BD

解析：合同纠纷的处理应以“弄清事实，分清是非，明确责任，适用条款”为前提，坚持以下原则：①协商为主原则；②调解优先原则。

30. **答案：**AE

解析：根据《合同法》第61条和62条的规定，合同履行地点不明确时，首先由当事人协议补充，如不能达成补充协议，则按合同的有关条款或者交易习惯确定，否则按下列原则处理：给付货币的，在接受货币一方所在地履行；交付不动产的，在不动产所在地履行；其他标的，在履行义务一方所在地履行。

31. **答案：**ABD

解析：《合同法》第93条规定，当事人协商一致，可以解除合同。当事人可以约定一方解除合同的条件。解除合同的条件成立时，解除权人可以解除合同。当事人也可以根据合同法第94条规定的解除合同的条件解除合同。

由此可知，合同解除可分为协议解除、约定解除和法定解除三种方式。

32. **答案：**CDE

解析：《合同法》第94条规定，有下列情形之一的，当事人可以解除合同：

（1）因不可抗力致使不能实现合同目的。

（2）在履行期限届满之前，当事人一方明确表示或者以自己的行为表明不履行主要债务。

（3）当事人一方迟延履行主要债务，经催告后在合理期限内仍未履行。

（4）当事人一方迟延履行债务或者有其他违约行为致使不能实现合同目的。

（5）法律规定的其他情形。

本题中，备选项A、B表达不严谨，应为“因不可抗力发生致使不能实现合同目的”、“当事人迟延履行主要债务，经催告在合理的期限内仍未履行”，这样就可以成为合同的解除条件。

33. **答案：**ABCD

解析：根据合同法规定，合同当事人承担违约责任的形式主要包括以下五种：①支付违约金；②赔偿损失（或支付赔偿金）；③定金罚则；④采取其他补救措施；⑤继续履行（或强制履行）。

34. **答案：**ABCE

解析：当事人承担赔偿损失的条件包括：①当事人有违约行为；②当事人有过错；③有损失后果或损害事实；④违约行为与损失后果之间有因果关系。

35. **答案：**ACD

解析：合同争议处理的方式有协商、调解、仲裁、诉讼四种。在这四种争议处理的方式中，协商、调解和仲裁这三种方式必须经合同双方当事人自愿才能进行，而诉讼只需当事人单方意思表示即可进行。

三、判断题

1. **答案：** ×

解析：《合同法》第 11 条规定，书面形式是指合同书、信件和数据电文（包括电报、电传、传真、电子数据交换和电子邮件）等可以有形地表现所载内容的形式。

2. **答案：** ×

解析： 双务合同是指当事人双方相互享有权利和相互负有义务的合同，即当事人双方都享有权利并承担义务的合同。如买卖合同、运输合同、承揽合同、建设工程合同等。

3. **答案：** ×

解析：《合同法》第 39 条规定，格式条款是当事人为了重复使用而预先拟定，并在订立合同时未与对方协商的条款。

4. **答案：** ×

解析：《合同法》第 41 条规定，对格式条款有两种以上解释时，应当做出不利于提供格式条款一方的解释。

5. **答案：** ×

解析： 双务合同在履行过程中当事人享有抗辩权，单务合同在履行过程中当事人是没有抗辩权的。

6. **答案：** ×

解析：（1）合同保全是指在合同履行过程中，为防止债务人的财产不当减少或债务人不当处分其权利而危及债权人的债权时，法律规定允许债权人为确保其债权的实现而向债务人行使一定权利所采取的法律措施。

（2）根据相关法律规定，合同保全措施包括两种，即代位权和撤销权。

7. **答案：** √

解析： 要约的内容如不能具体确定，不具备合同的主要条款，即使对方表示接受，也不能具体确定当事人的权利义务，合同也就无法成立。因此，合同法规定，要约的内容应具体确定，具备足以使合同成立的主要条款。

8. **答案：** √

解析：《合同法》第 19 条规定，有下列情形之一的，要约人不得撤销要约：

（1）要约人确定了承诺期限或者以其他形式明示要约不可撤销；

（2）受要约人有理由认为要约是不可撤销的，并已经为履行合同做了准备工作。

9. **答案：** ×

解析：《合同法》规定，承诺的内容应与要约的内容一致。受要约人对要约的内容作出实质性变更的，不构成承诺，而是新要约。有关合同标的、数量、质量、价款或报酬、履行期限、地点和方式、违约责任、解决争议的方法等的变更，是对要约内容的实质性变更。

承诺对要约的内容作出非实质性变更的，除要约人及时反对或者表明不得对要约内容作任何变更的以外，该承诺有效。

10. **答案：**×

解析：合同终止是指合同当事人之间根据合同确定的权利义务关系因某种原因归于消灭，客观上不复存在的法律事实。合同终止是合同关系的消灭。合同终止不影响合同中结算、清理条款和独立存在的解决争议方法的条款的效力。

11. **答案：**×

解析：《合同法》第287条规定，建设工程合同没有规定的，适用承揽合同的有关规定。

12. **答案：**×

解析：合同成立与合同生效是不同的两个概念。

合同成立是合同生效的前提条件。合同成立后，如果具备生效的条件，合同才生效，反之，合同不生效。

13. **答案：**√

解析：《合同法》第36条规定，经法律、行政法规规定或者当事人约定采用书面形式订立合同，而当事人未采用书面形式但一方已经履行主要义务，对方接受的，该合同成立。

14. **答案：**×

解析：《合同法》第12条规定，合同的内容由当事人约定，一般包括以下条款：①当事人的名称或者姓名和住所；②标的；③数量；④质量；⑤价款或者酬金；⑥履行期限、地点和方式；⑦违约责任；⑧解决争议的方法。

上述条款是合同的主要内容和核心。它规定了合同法律关系的三要素，特别是当事人双方的权利和义务，是确认合同内容是否完整的条件，也是当事人双方履行合同和处理合同争议的依据。但合同没有约定上述条款中的某些条款，只是说明合同内容不完备，合同履行中容易产生争议，并不意味着合同无效。

15. **答案：**×

解析：《合同法》第12条规定，合同应具备的条款是指一般合同应包含的基本条款。建设工程合同除了具备一般合同应当具备的条款外，还应当具备其他条款。

16. **答案：**×

解析：合同无效并不影响合同中独立存在的有关解决争议方法的条款的效力。当合同无效时，仍应当按照有关解决争议方法的条款解决争端，有过错的一方赔偿对方因此受到的损失。

17. **答案：**×

解析：根据我国法律规定，只有人民法院或者仲裁机构才有权确认合同无效，任何组织或个人都无权确认合同无效。因此，合同当事人可以向人民法院或者仲裁机构提出请求，请求人民法院或者仲裁机构确认合同无效。合同当事人不能通过订立协议使已经生效的合同归于无效。

18. **答案：** ×

解析： 保证人应与被担保合同的债权人订立保证合同。保证合同是从合同，被担保的合同是主合同。

19. **答案：** √

解析： 法律规定，给付定金的一方不履行约定债务的，无权要求返还定金；收受定金的一方不履行约定债务的，应当双倍返还定金。由此可见，定金具有双向担保作用。

20. **答案：** ×

解析： 定金不同于预付款，预付款与定金的区别是，预付款不具备担保作用，如果合同不能履行，当事人应如数退还预付款，但不发生像定金那样双倍返还的法律后果。支付定金是履行担保合同的过程，而支付预付款是履行合同义务的过程。

21. **答案：** ×

解析： 合同成立后只要具备生效的条件就能生效，就具有法律效力。换句话说，合同公证或者鉴证不是合同生效应具备的条件。

22. **答案：** ×

解析：《合同法》第 90 条规定，当事人订立合同后合并的，由合并后的法人或者其他组织行使合同权利，履行合同义务。当事人订立合同后分立的，除债权人和债务人另有约定的以外，由分立的法人或者其他组织对合同的权利和义务享有连带债权，承担连带债务。

23. **答案：** √

解析：《合同法》第 19 条规定，有下列情形之一的，要约不得撤销：

（1）要约人确定了承诺期限或者以其他形式明示要约不可撤销；

（2）受要约人有理由认为要约是不可撤销的，并已经为履行合同作了准备工作。

24. **答案：** ×

解析：《合同法》第 61、62 条规定，合同生效后，当事人就质量、价款、履行地点等内容没有约定或者约定不明的，可以协议补充；不能达成补充协议的，按照合同有关条款或者交易习惯确定。如果按照上述办法仍不能确定的，可按合同法的有关规定履行。

25. **答案：** √

解析： 根据我国法律规定，合同争议的处理实行裁审分离制的原则。仲裁机构就合同争议作出裁决后，当事人就同一争议向人民法院起诉的，人民法院不予受理。换句话说，提请人民法院审理的合同纠纷案件，应当是未经仲裁的合同纠纷案件。

26. **答案：** √

解析： 合同争议的解决方式中，和解、调解和仲裁都必须双方当事人自愿才能进行。而诉讼方式则不需要双方自愿，只要一方当事人意思表示即可进行。因此，合同双方当事人如果未约定仲裁协议，则只能以诉讼作为解决合同争议的最终方式。

四、综合分析题

1. **答案：**（1）水泥厂的做法是正确的。

理由：根据《合同法》的有关规定，当履行期限不明确时，债务人可以随时履行，债权人也可以随时要求履行，但应当给对方必要的准备时间。

（2）合同当事人在约定合同内容时，应包括以下条款：①当事人的名称或者姓名和住所；②标的；③数量；④质量；⑤价款或者报酬；⑥履行期限、地点和方式；⑦违约责任；⑧解决争议的方法。

2. **答案：**（1）根据《合同法》的规定，下列合同属于无效合同：①一方以欺诈、胁迫的手段订立的，损害国家利益的合同；②恶意串通，损害国家、集体或者第三人利益的合同；③以合法形式掩盖非法目的的合同；④损害社会公共利益的合同；⑤违反法律、行政法规的强制性规定的合同。

（2）建设单位与施工单位所签订的施工合同无效。

原因如下：①《招标投标法》第26条规定，投标人应当具备承担招标项目的能力；国家有关规定对投标人资格条件或者招标文件对投标人资格条件有规定的，投标人应当具备规定的条件。②《招标投标法》第54条规定，投标人以他人名义投标或者以其他方式弄虚作假，骗取中标的，中标无效。③《建设工程质量管理条例》第25条规定，施工单位应当依法取得相应等级的资质证书，并在其资质等级许可的范围内承揽工程。禁止施工单位超越本单位资质等级许可的业务范围承揽工程。

由此可见，该施工单位不具备承担招标项目的能力，不具备招标文件规定的资格条件，超越资质等级许可的业务范围承揽工程，而且弄虚作假骗取中标，这些都违反了法律、行政法规的强制性规定，因此所订立的合同属于无效合同。

3. **答案：**（1）施工合同的内容包括：工程范围、建设工期、中间交工工程的开工和竣工时间、工程质量、工程造价、技术资料交付时间、材料和设备供应责任、拨款和结算、竣工验收、质量保修范围和质量保证期、双方相互协作等条款。

（2）当事人对工程质量约定不明确的，采用以下办法补救：①由当事人协议补充；②如不能达成补充协议的，按照合同有关条款或者交易习惯确定；③如果按照前两种方式仍然不能确定的，则按下列规定进行履行：按国家标准、行业标准履行；没有国家、行业标准的，按照通常标准或者符合合同目的的特定标准履行。

（3）当事人可以通过和解或者调解解决合同争议。当事人不愿和解、调解或者和解、调解不成的，可以根据仲裁协议向仲裁机构申请仲裁。当事人没有订立仲裁协议或者仲裁协议无效的，可以向人民法院起诉。

4. **答案：**（1）事件1中材料供应商的做法正确。

原因：合同法规定，当合同履行期限不明确的，债务人可以随时履行，债权人也可以随时要求履行，但应当给对方必要的准备时间。

（2）合同当事人在约定合同内容时，一般应约定以下条款：①当事人的名称或者姓名和住所；②标的；③数量；④质量；⑤价款或者报酬；⑥履行期限、地点和方式；⑦违约责任；⑧解决争议的方法。

（3）事件2中施工单位的做法是正确的。

原因：合同法规定，逾期交付标的物的，遇价格上涨时，按照原价格执行；价格下降时按照新价格执行。

（4）事件2中施工单位和设备供应商之间产生的争议属于合同争议。

合同争议处理的方式有：①协商；②调解；③仲裁；④诉讼。

（5）事件3中合同终止的原因是债务已经按照约定履行。

可以使合同终止的其他情况有：①合同解除；②债务相互抵消；③债权人免除债务；④债务人依法将标的物提存；⑤债权债务同归一人；⑥法律规定或者当事人约定终止的其他情形。

（6）事件4中的合同当事人签订的合同无效。

以下情况可导致合同无效：①一方以欺诈、胁迫的手段订立合同，损害国家利益；②恶意串通，损害国家、集体或者第三人利益；③以合法形式掩盖非法目的；④损害社会公共利益；⑤违反法律、行政法规的强制性规定。

考点3　招标投标管理

一、单项选择题

1. **答案：**B

解析：公平原则就是反对歧视和特权，要求招标人给予所有投标人平等的机会，使其享有同等的权利，履行同等的义务。招标人不得以任何理由排斥或者歧视任何投标人。公平原则要求包括：①招标人给所有参与竞争的投标人享有同样的机会，给予同样的待遇；②在进行资格审查时，所有的投标人都适用同样的标准；③招标单位应向所有购买了招标文件的投标人提供同样的信息；④任何投标人都有一次，而且也仅只有一次报价的机会。

2. **答案：**A

解析：公开原则主要体现在：①招标活动的信息公开；②招标投标过程公开；③开标的程序公开；④评标的标准和方法公开；⑤中标的结果公开。

3. **答案：**C

解析：公路工程施工招标投标的过程就是施工合同订立的过程。在招标投标过程中，发布招标公告（或发出投标邀请书）属于要约邀请；递交投标文件属于要约；发出中标通知书属于承诺。

4. **答案：**B

解析：公路工程施工公开招标程序如下：①确定招标方式；②编制投标资格预审文件和招标文件；③发布招标公告，发售投标资格预审文件；④对潜在投标人进行资格审查；⑤向资格预审合格的潜在投标人发出投标邀请书和发售招标文件；⑥组织潜在投标人考察招标项目工程现场，召开标前会；⑦接受投标人的投标文件，公开开标；⑧组建评标委员会评标，推荐中标候选人；⑨确定中标人；⑩发出中标通知书；⑪招标人与中标人订立公路工程施工合同。

5. **答案：**C

解析：《公路工程标准施工招标文件》（2009 年版）第二章投标人须知第 1. 9. 4 项规定，招标人在踏勘现场中介绍的工程场地和相关的周边环境情况，供投标人在编制投标文件时参考，招标人不对投标人据此作出的判断和决策负责。

《公路工程标准施工招标文件》（2009 年版）第二章投标人须知第 1. 9. 5 项规定，招标人在招标时提供的本合同工程的水文、地质、气象和料场分布、取土场、弃土场位置等参考资料，并不构成合同文件的组成部分，投标人应对自己对上述资料的解释、推论和应用负责，招标人不对投标人据此作出的判断和决策承担任何责任。

6. **答案：**B

解析：《招标投标法》第 23 条规定，招标人对已发出的招标文件进行必要的澄清或者修改的，应当在招标文件要求提交投标文件截止时间至少 15 日前，以书面形式通知所有投标人。对招标文件澄清或者修改的内容为招标文件的组成部分。

7. **答案：**D

解析：《招标投标法》规定，“投标人不得以低于成本的报价竞标”这里的“成本”是指投标单位的预期（计划）施工成本，该成本可以根据企业定额计算得到。

8. **答案：**A

解析：《招标投标法》第 37 条规定，依法必须进行招标的项目，其评标委员会由招标人的代表和有关技术、经济等方面的专家组成，成员人数为五人以上单数，其中技术、经济等方面的专家不得少于成员总数的三分之二。

9. **答案：**A

解析：《公路工程标准施工招标文件》（2009 年版）第三章评标办法规定，公路工程施工招标的评标方法主要有以下三种：

（1）合理低价法。除技术特别复杂的特大桥和长大隧道工程外，公路工程施工招标评标，一般应当使用合理低价法。

（2）经评审的最低投标价法（或最低评标价法）。使用世界银、亚洲开发银行等国际金融组织贷款的项目和工程规模较小、技术含量较低的工程，可使用最低评标价法。

（3）综合评估法。综合评估法仅适用于技术特别复杂的特大桥梁和长大隧道工程。

应注意的是，本题备选项 D 固定标价评分法是施工监理评标方法之一。

10. **答案：**B

解析：公路工程施工招标的方式有两种：（1）公开招标；（2）邀请招标。这两种招标方式相比较，公开招标竞争充分、透明度高，招标人的选择范围或余地较大，但招标工作量大、时间长、招标成本高。

11. **答案：**B

解析：公路工程施工招标分为公开招标和邀请招标。其中，采用邀请招标的，招标人应当以发送投标邀请书的方式，邀请三家以上具备相应资格的特定的法人投标。

《招标投标法》第 17 条规定，招标人采用邀请招标方式的，应当向三个以上具备承担招标项目的能力、资信良好的特定的法人或者其他组织发出投标邀请书。

12. **答案：**C

解析：《公路工程标准施工招标文件》（2009 年版）第二章投标人须知第 6.2 款规定，

评标活动遵循公平、公正、科学和择优的原则。

13. **答案：**C

解析：标底是招标人或委托具有资质的相关单位在开标之前，根据批准的初步设计、投资概算，依据有关计价办法，参照有关工程定额，结合市场供求状况，综合考虑投资、工期和质量等方面的因素综合确定的项目的预期施工价，它是衡量投标人的投标报价是否合理的重要依据。

14. **答案**：D

解析：《公路工程标准施工招标文件》（2009 年版）第二章投标人须知第 3. 5. 3 项规定，若在评标期间发现投标人提供了虚假资料，招标人有权对投标人的投标文件作废标处理，并没收其投标担保；若在评标结果公示期间发现作为中标候选人的投标人提供了虚假资料，招标人有权取消其中标资格并没收其投标担保；若在合同实施期间发现投标人提供了投标人提供了虚假资料，招标人有权从工程支付款或履约保证金中扣除不超过合同总价 10% 的金额作为违约金。同时招标人将投标人上述弄虚作假行为上报省级交通主管部门，作为不良记录纳入公路建设市场信用信息管理系统。

15. **答案**：D

解析：《招标投标法》第 45 条规定，中标人确定后，招标人应当向中标人发出中标通知书，并同时将中标结果通知所有未中标的投标人。中标通知书对招标人和中标人具有法律效力。中标通知书发出后，招标人改变中标结果的，或者中标人放弃中标项目的，应当依法承担法律责任。

16. **答案**：A

解析：《公路工程标准施工招标文件》投标人须知第 7. 3. 1 条规定，在签订合同前，中标人应按投标人须知前附表规定的金额、担保形式和招标文件第四章“合同条款及格式”规定的履约担保格式向招标人提交履约担保。联合体中标的，其履约担保由牵头人递交，并应符合投标人须知前附表规定的金额、担保形式和招标文件第四章“合同条款及格式”规定的履约担保格式要求。

17. **答案**：B

解析：《招标投标法》第 43 条规定，在确定中标人前，招标人不得与投标人就投标价格、投标方案等实质性内容进行谈判。

二、多项选择题

1. **答案**：ABCE

解析：《招标投标法》第 5 条规定，招标投标活动应当遵循公开、公平、公正和诚实信用的原则。

2. **答案**：BCDE

解析：根据《工程建设项目招标范围和规模标准》的规定，各类工程建设项目，包括项目的勘察、设计、施工、监理以及与工程建设有关的重要设备、材料等的采购，达到下列标准之一时，必须进行招标：

（1）施工单项合同估算价在 200 万元人民币以上的。

（2）重要设备、材料等货物的采购，单项合同估算价在 100 万元人民币以上的。

（3）勘察、设计、监理等服务的采购，单项合同估算价在 50 万元人民币以上的。

（4）单项合同估算价低于上述（1）、（2）、（3）项规定的标准，但项目总投资额在

3000 万元人民币以上的。

3. **答案**：BCDE

解析：《招标投标法》第 36 条规定，开标时，由投标人或者其推选的代表检查投标文件的密封情况，也可以由招标人委托的公证机构检查并公证。

《公路工程标准施工招标文件》（2009 年版）第二章投标人须知规定，投标文件的密封情况可由监标人或投标人代表检查。

由此可知，投标文件的密封情况可由以下组织检查：①投标人或投标人推举的代表；②招标人委托的公证机构；③监标人。

4. **答案**：BCDE

解析：《工程建设项目施工招标投标办法》（2003 年国家发展计划委员会令第 30 号）第 50 条规定，投标文件有下列情形之一的，招标人不予受理：

（1）逾期送达的或者未送达指定地点的。

（2）未按招标文件要求密封和加写标记的。

5. **答案**：CD

解析：对投标人的资格审查可分为资格预审和资格后审两种方式。

（1）资格预审：是指招标人在发布招标公告后，发出投标邀请书前对潜在投标人的资质、信誉、能力等进行的审查。也就是在投标前对潜在投标人进行的资格审查。

（2）资格后审：是指招标人在收到投标人的投标文件后，对投标人的资质、信誉、能力等进行的审查。也就是在开标后对投标人进行的资格审查。

6. **答案**：ABDE

解析：设置资格预审的目的是：①保证参与投标的法人或组织在资质和能力等方面能够满足完成招标工作的要求；排除不合格的投标人；②通过评审选出综合实力较强的投标人；③减少评标的工作量，降低招标人的招标成本；

7. **答案**：ABCD

解析：根据《公路工程标准施工招标文件》的规定，招标文件的组成及内容如下：①招标公告（或投标邀请书）；②投标人须知；③评标办法；④合同条款及格式；⑤工程量清单；⑥图纸；⑦技术规范；⑧投标文件格式；⑨投标人须知前附表规定的其他材料。

另外，根据投标人须知的有关规定对招标文件所作的澄清、修改，也构成招标文件的组成部分。

8. **答案**：CE

解析：根据《公路工程标准施工招标文件》（2009 年版）第二章投标人须知第 1. 9. 5 项及合同通用条款第 4. 10. 1 项的规定，发包人提供的本合同工程的水文、地质、气象和料场分布、取土场、弃土场位置等资料均属于参考资料，并不构成招标文件及合同文件的组成部分，承包人应对自己就上述资料的解释、推论和应用负责，发包人不对承包人据此做出的判断和决策承担任何责任。

9. **答案**：ABCD

解析：根据《公路工程标准施工招标文件》（2009 年版）第五章的规定，工程量清单由以下五部分组成：①工程量清单说明；②投标报价说明；③计日工说明；④其他说明；⑤工程量清单各项表格。

10. **答案：**ABCE

解析：《公路工程标准施工招标文件》（2009 年版）第二章投标人须知第 3. 1. 1 项规定，投标文件应包括下列内容：①投标函及投标函附录；②法定代表人身份证明或附有法定代表人身份证明的授权委托书；③联合体协议书；④投标保证金；⑤已标价工程量清单；⑥施工组织设计；⑦项目管理机构；⑧拟分包项目情况表；⑨资格审查资料；⑩承诺函；⑪调价函及调价后的工程量清单（如有）；⑫投标人须知前附表规定的其他材料。

11. **答案：**BC

解析：联合体投标必须遵守的规定如下：

①联合体各成员单位应按招标文件提供的格式签订联合体协议书，明确联合体牵头人和各方权利义务；②联合体各成员单位都应具备招标文件规定的相应资质条件；③由同一专业施工单位组成的联合体，按照资质等级较低的单位确定资质等级；④联合体各方不得再以自己名义单独或参加其他联合体在同一标段中投标；⑤以联合体形式参加公路工程施工投标的单位，应当在资格预审申请文件中注明，并提交联合体协议；⑥联合体所有成员数量不得超过招标文件规定的数量；⑦联合体牵头人所承担的工程量必须超过总工程量的 50%；⑧联合体各方应分别按照招标文件的要求，填写投标文件中的相应表格，并由联合体牵头人负责对联合体各成员的资料进行统一汇总后一并提交给招标人；联合体牵头人所提交的投标文件应认为已代表了联合体各成员的真实情况；⑨联合体投标的，应当由联合体牵头人按规定提交投标保证金。以联合体牵头人名义提交的投标保证金，对联合体各成员具有约束力；⑩联合体中标后，在和招标人签订合同时，联合体各成员单位的法定代表人或其授权的代理人都应在合同上签字并盖章；⑪尽管委任了联合体牵头人，但联合体各成员在投标、签约与履行合同过程中，仍负有连带的和各自的法律责任。

12. **答案：**DE

解析：《公路工程标准施工招标文件》（2009 年版）第二章投标人须知第 3. 4. 4 项规定，有下列情形之一的，投标保证金将不予退还：①投标人在规定的投标有效期内撤销或修改其投标文件；②中标人在收到中标通知书后，无正当理由拒签合同协议书或未按招标文件规定提交履约担保；③投标人不接受依据评标办法的规定对其投标文件中细微偏差进行澄清和补正；④投标人提交了虚假资料。

13. **答案：**CDE

解析：（1）评标委员会的组建应符合下列规定：

①评标委员会由招标人依法负责组建；②评标委员会由招标人或其委托的招标代理机构熟悉相关业务的代表，以及有关技术、经济等方面的专家组成；③评标委员会成员人数为五人以上单数，其中技术、经济方面的专家不得少于成员总数的三分之二；④评标委员会的专家成员应当从交通部或省级人民政府交通主管部门设立的评标专家库中随机抽取；⑤与投标

人有利害关系的人员不得进入相关招标项目的评标委员会；⑥评标委员会名单在中标结果确定前应当保密。

（2）评标委员会成员的行为准则及违规行为的处罚：

①评标委员会成员应当客观、公正地履行职责，遵守职业道德，对所提出的评审意见承担责任；②评标委员会成员不得私下接触投标人，不得收受贿赂或者投标人的其他好处，不得透露对投标文件的评审、中标候选人的推荐情况以及与评标有关的其他情况；③评标委员会成员存在违规行为的，一经查实，取消其评标委员会成员资格，并不得再参加任何依法必须进行招标的项目的评标。

14. **答案**：ABCD

解析：《公路工程施工招标投标管理办法》规定，公路工程施工招标的评标方法（办法）包括以下几种：①合理低价法；②最低评标价法（经评审的最低投标价法）；③综合评估法；④双信封评标法；⑤法律、法规允许的其他评标方法。

15. **答案**：ABC

解析：根据《公路工程标准施工招标文件》（2009 年版）第三章“评标办法”的规定，当公路工程施工招标采用综合评估法评标时，其初步评审标准包括：形式评审标准、响应性评审标准、资格评审标准。

16. **答案**：ABCE

解析：《公路工程施工招标投标管理办法》第 49 条规定，属于下列情况之一的，应当作为废标处理：

（1）投标文件未经法定代表人或其授权的代理人签字，或者未加盖投标人公章。

（2）投标文件字迹潦草、模糊、无法辨认。

（3）投标人对同一标段提交两份以上内容不同的投标文件，未书面声明其中哪一分有效。

（4）投标人在招标文件未要求选择性报价时，对同一个标段，有两个或两个以上的报价。

（5）投标人承诺的施工工期超过招标文件规定的期限或者对合同的重要条款有保留。

（6）投标人未按招标文件要求提交投标保证金。

（7）投标文件不符合招标文件实质性要求的其他情形。

17. **答案**：AC

解析：邀请招标与公开招标在招标程序上的主要区别有两点：

（1）邀请招标不需要发布招标公告，而公开招标则需要发布招标公告。

（2）邀请招标不需要设置资格预审这一环节，也就无须编制资格预审申请文件，而公开招标则需要设置资格预审这一环节，当然就要编制资格预审申请文件。

18. **答案**：ADE

解析：《公路工程施工招标投标管理办法》规定，符合下列条件之一，不适宜公开招标的，依法履行审批手续后，可以进行邀请招标：

（1）项目技术复杂或有特殊技术要求，且符合条件的潜在投标人数量有限的；

（2）受自然地域环境限制的；

（3）公开招标的费用与工程费用相比，所占比例过大的。

19. **答案：**ABC

解析：《公路工程施工招标投标管理办法》第 7 条规定，公路工程施工招标的项目应当具备下列条件：

（1）初步设计文件已被批准；

（2）建设资金已经落实；

（3）项目法人已经确定，并符合项目法人资格标准要求。

20. **答案：**ABCE

解析：《公路工程施工招标投标管理办法》（交通部令 2006 年第 7 号）第 9 条规定，具备下列条件的招标人，可以自行办理招标事宜：

（1）具有项目法人资格；

（2）具有与招标项目相适应的工程管理、造价管理、财务管理能力；

（3）具有组织编制公路工程施工招标文件的能力；

（4）具有对投标人进行资格审查和组织评标的能力。

如果招标人不具备上述条件中的第（2）、（3）、（4）条件的，应当委托具有相应资格的招标代理机构办理招标事宜。

21. **答案：**AB

解析：（1）招标代理机构是依法设立、从事招标代理业务并提供相关服务的社会中介组织。招标代理机构与行政机关和其他国家机关不得存在隶属关系或者其他利益关系。

（2）招标人有权自行选择招标代理机构，委托其办理招标事宜。任何单位和个人不得以任何方式为招标人指定招标代理机构。

（3）招标人具有编制招标文件和组织评标能力的，可以自行办理招标事宜。任何单位和个人不得强制其委托招标代理机构办理招标事宜。

（4）招标代理机构必须有从事招标代理业务的营业场所和相应资金，有能够编制招标文件和组织评标的相应专业力量以及有可以作为评标委员会成员人选的技术、经济等方面的专家库。

22. **答案：**ABCD

解析：《工程建设项目施工招标投标办法》第 22 条规定，招标代理机构应当在招标人委托的范围内承担招标事宜。

招标代理机构可以在其资格等级范围内承担下列招标事宜：①拟订招标方案，编制和出售招标文件，资格预审文件；②审查投标人资格；③编制标底；④组织投标人踏勘现场；⑤组织开标、评标，协助招标人定标；⑥草拟合同；⑦招标人委托的其他事项。

23. **答案：**BDE

解析：评标委员会的工作责任包括：①认真研读招标文件，获取评标所需的重要信息和数据；②对招标人或清标小组提供的评标工作用表和评标内容进行核对；③对投标文件进行初步评审、对投标人进行资格审查（适应于未进行资格预审）；④确认投标文件中存在的偏差，并按照招标文件的规定对偏差进行处理；⑤确定评审需要澄清、核实的内容，并要求投标人对有关问题进行澄清或说明；⑥对投标文件进行详细评审，计算出投标文件的综合评分；⑦向招标人推荐中标候选人，并提交评标报告；⑧向招标人建议是否重新招标。

24. **答案**：BE

解析：根据有关法律规定，确定中标人（即定标）的方式主要有以下两种：

（1）招标人直接从评标委员会推荐的中标候选人中确定中标人。

（2）评标委员会根据招标人的授权直接确定中标人。

25. **答案**：ABDE

解析：根据《公路工程标准施工招标文件》（2009 年版）的规定，投标文件中的下列偏差为细微偏差：

①在按照招标文件的规定对投标价进行算术性错误修正及其他错误修正后，最终投标报价未超过投标控制价上限（如有）的情况下，出现招标文件所列的投标报价的算术性错误和其他错误；②施工组织设计（含关键工程技术方案）和项目管理机构不够完善。

26. **答案**：ADE

解析：按照《公路工程标准施工招标文件》第三章评标办法中的有关规定：

（1）“投标文件未按照招标文件规定的格式和内容填写”不符合形式评审标准，应为重大偏差，按废标处理。

（2）“投标文件中确定的项目管理机构不够完善”属于细微偏差。

（3）“投标文件中编制的施工组织设计（含关键工程技术方案）不够完善”属于细微偏差。

（4）“投标文件载明的招标项目完成期限超过招标文件规定的时”不符合响应性评审标准，构成重大偏差，按废标处理。

（5）“投标文件认为招标文件规定的工程验收方法不合理，并提出了新的验收方法”不符合响应性评审标准，属于重大偏差，按废标处理。

27. **答案**：ACDE

解析：（1）中标人的投标应当符合下列条件之一：①能够最大限度满足招标文件中规定的各项综合评价指标；②能够满足招标文件的实质性要求，并且经评审的投标价格最低；但是投标价格低于成本的除外。

（2）招标人确定中标人后，应当在投标有效期内应当以书面形式向中标人发出中标通知书，并同时将中标结果通知所有未中标的投标人。

（3）中标通知书是合同文件的组成部分。中标通知书对招标人和中标人具有法律约束力。中标通知书发出后，招标人改变中标结果的，或者中标人放弃中标项目的，应当依法承担法律责任。

（4）招标人和中标人应当自中标通知书发出之日起 30 天内，根据招标文件、中标人的投标文件、中标通知书等订立书面合同。

三、判断题

1. **答案：** ×

解析： 如投标人对现场已有充分了解，也无问题需要招标人给予解答时，投标人可以不参加由招标人组织的现场考察和标前会议。换句话说，投标人是否参加现场考察对其投标文件的有效性没有影响。

2. **答案：** ×

解析： 公路工程施工招标无论采用何种招标方式，都需要对潜在的投标人或者投标人进行资格审查，以确保投标人具备招标文件规定的资格条件，具备承担所投标项目的相应能力。只不过邀请招标通常采用资格后审的方式。

3. **答案：** √

解析： 现行公路工程施工合同条款规定，承包人未在已标价工程量清单中填入单价或总额价的工程子目，将被认为其已包含在本合同的其他子目的单价和总额价中，发包人将不另行支付。

4. **答案：** √

解析：《公路工程标准施工招标文件》（2009 年版）第二章投标人须知第 3.4.1 项规定，投标人在递交投标文件的同时，应按投标人须知前附表规定的金额、担保形式和第八章“投标文件格式”规定的投标保证金格式递交投标保证金，并作为其投标文件的组成部分。

5. **答案：** ×

解析：《招标投标法》第 38 条规定，招标人应当采取必要的措施，保证评标在严格保密的情况下进行。任何单位和个人不得非法干预、影响评标的过程和结果。

6. **答案：** √

解析： 选择监理单位一般采用邀请招标，且邀请数量以 3 ~ 5 家为宜。因为监理招标是对知识、技能和经验等综合能力的选择，每一份标书内都会提出具有独特见解或创造性的实施建议，但又各有长处和短处。如果邀请过多投标人参与竞争，不仅要增大评标工作量，而且定标后还要给予未中标人以一定补偿费，与在有限投标人中好中求好的目的比较，往往产生事倍功半的效果。

7. **答案：** √

解析：《招标投标法》第 22 条规定，招标人不得向他人透露已获得招标文件的潜在投标人的名称、数量以及可能影响公平竞争的有关招标投票的其他情况。

8. **答案：** ×

解析： 选择招标方式、编制招标文件是招标人在招标阶段应做的主要工作。

9. **答案：** √

解析： 招标人在招标前期应做的主要工作包括：组建招标机构（委托招标代理机

构）；审批项目初步设计文件；落实建设资金；设立项目法人组织；按计划完成征地拆迁等。

10. **答案**：√

解析：《招标投标法》第12条规定，招标人有权自行选择招标代理机构，委托其办理招标事宜。任何单位和个人不得以任何方式为招标人指定代理机构。

招标人具有编制招标文件和组织评标能力的，可以自行办理招标事宜，任何单位和个人不得强制其委托招标代理机构办理招标事宜。

11. **答案**：×

解析：《招标投标法》第13条规定，招标代理机构应当具备下列条件：

（1）有从事招标代理业务的营业场所和相应资金。

（2）有能够编制招标文件和组织评标的相应专业力量。

（3）有符合法律规定的条件、可以作为评标委员会成员人选的技术、经济等方面的专家库。

12. **答案**：√

解析：《公路工程施工招标投标管理办法》第46条规定，评标委员会完成评标工作后，应当向招标人提出书面评标报告。评标报告应当由所有评标委员会委员签字。

13. **答案**：√

解析：投标文件未按规定的格式填写的即表明该投标没有对招标文件的要求作出实质性响应，不符合初步评审标准中的形式评审标准，这属于重大偏差，按废标处理。

14. **答案**：√

解析：投标人对其过低的报价不能合理说明或者不能提供相应证明材料的，可推定该投标人以低于成本报价竞标，其投标作废标处理。

15. **答案**：×

解析：就中标通知书的性质而言，招标人向投标人发出的中标通知书，是招标人对投标人发出的要约所作出的承诺。因此，中标通知书到达投标人时就意味着该承诺生效、合同成立。承诺生效后即对招标人和中标人产生法律约束力，招标人不得撤回中标通知书。

16. **答案**：×

解析：施工合同通用条款第7.4.1项规定，招标人和中标人应当自中标通知书发出之日起30天内，根据招标文件和中标人的投标文件订立书面合同。中标人无正当理由拒签合同的，招标人取消其中标资格，其投标保证金不予退还；给招标人造成的损失超过投标保证金数额的，中标人还应当对超过部分予以赔偿。

四、综合分析题

1. **答案**：（1）公路工程施工招标中的公开招标的程序一般为：

①确定招标方式；

②编制投标资格预审文件和招标文件，招标文件应按规定报主管部门方案；

③发布招标公告，发售投标资格预审文件；

④对潜在投标人进行资格审查，资格预审结果报交通主管部门备案；

⑤向资格预审合格的潜在投标发出投标邀请书和发售招标文件；

⑥组织潜在投标人考察招标项目工程现场，召开标前会；

⑦接受投标人的投标文件，公开开示；

⑧组建评建委员会评标，推荐中标候选人；

⑨确定中标人，评标报告和评标结果按规定备案并公示；

⑩发出中标通知书；

⑪与中标人订立公路工程施工合同；

（2）作为建设单位其行为不合法。

因为，作为建设单位，为了照顾某些个人关系，指使 A 单位和 C 单位强行联合，并最终排斥了 B、D、E 三家单位可能中标的机会，构成了不正当竞争，违反了《招标投标法》中关于不得强制投标人组成联合体共同投标，不得限制投标人之间的竞争的强制性规定。

（3）A 单位和 C 单位组成的投标联合体无效。

因为，根据《招标投标法》及《公路工程施工招标投标管理办法》规定，两个以上法人可以组成一个联合体，以一个投标人的身份共同投标。联合体各方均应当具备承担招标项目的相应能力；国家有关规定或者招标文件对投标人资格条件有规定的，联合体各方均应当具备规定的相应资格条件，由同一专业的单位组成的联合体，按照资质等级较低的单位确定资质等级。本题中，A 单位和 C 单位组成的投标联合体不符合对投标单位主体资格条件的要求，所以是无效的。

（4）招标人与投标人串通投标的行为表现为：

①招标兴在开标前开启投标文件，并将投标情况告知其他投标人，或者协助投标人撤换投标文件，更改报价；

②招标人向投标人泄露标底；

③招标人与投标人商定，投标时压低或抬高标价，中标后再给投标人或招标人额外补偿；

④招标人预先内定中标人；

⑤其他串通投标行为。

2. **答案**：（1）不属于招标文件组成的有：中标人通知书、评标委员会名单、标底编制人员名单。

（2）资格预审主要侧重于对承包单位总体能力是否适合招标工程的要求进行审查。

（3）资格预审对投标人必要合格条件的要求主要包括：营业执照；资质等级；财务状况；施工能力；分包计划；履约情况。

（4）背景材料中的必要合格条件的不妥之处是：

①投标人在开户银行的存款达工程造价的 5%；

②主体工程中的重点部位可分包给经验丰富的承包人来完成；

③具有同类工程的施工经验和能力。

3. **答案**：(1) 公路工程施工项目进行施工招标应具备的条件是：

①初步设计文件已被批准；

②建设资金已经落实；

③项目法人已经确定，并符合项目法人资格标准要求。

(2) 自行办理施工招标事宜的招标人应具备的条件是：

①具有项目法人资格；

②具有与招标项目相适应的工程管理、造价管理、财务管理能力；

③具有组织编制公路工程施工招标文件的能力；

④具有对投标单位进行资格审查和组织评标的能力。

(3) 施工招标的法定方式有两种：公开招标和邀请招标。

(4) 符合下列条件之一，不适宜公开招标的，依法履行审批手续后，可以进行邀请招标：

①项目技术复杂或有特殊技术要求，且符合条件的潜在投标人数量有限的；

②受自然地域环境限制的；

③公开招标的费用与工程费用相比，所占比例过大的。

(5) 该高速公路施工项目不可以进行施工招标。因为银行贷款的那一部分资金正在协商之中，因此，可以认为建设资金没有落实，不具备施工招标条件。

4. **答案**：(1)《公路工程施工招标投标管理办法》（交通部令 2006 年第 7 号）要求必须进行招标的项目是：

①投资总额在 3000 万元人民币以上的公路工程施工项目；

②施工单项合同估算价在 200 万元人民币以上的公路工程施工项目；

③法律、行政法规规定应当招标的其他公路工程施工项目。

(2) 公路工程项目的勘察、设计、施工监理以及与工程建设有关的重要设备、材料等的采购必须进行招标的标准是：

①重要设备、材料等货物的采购，单项合同估算价在 100 万元人民币以上；

②勘察、设计、监理等服务的采购，单项合同估算价在 50 万元人民币以上；

③单项合同估算价低于上述第①、②项规定的标准，但项目总投资额在 3 000 万元人民币以上的。

(3) 该工程项目在实施的各阶段所进行的招标有：施工招标，设备采购招标、勘察设计招标、施工监理招标。

(4) 不妥之处是：

①交通运输厅主持进行招标。

发包人应自行组织招标，或委托具有相应资质的招标代理机构办理招标事宜。

②法律规定各阶段以公开招标方式进行招标。

法律规定，应当实行公开招标。但符合条件，经主管部门审核批准后，可以进行邀请招标，或由发包人直接委托。

例如本题中的工程勘察，由于不满足招标条件，就可以在办理相关审批手续后，由发包人直接委托工程勘察单位。

5. **答案**：（1）建设单位和监理单位在签订监理合同的过程中存在的不妥之处有两处：

①在监理中标通知书发出后第45天才签订监理合同。

理由：依照《招标投标法》的规定，建设单位和监理单位应在监理中标通知书发出后30天内签订监理合同。

②签订监理合同后双方又另行签订了一份使监理合同价降低10%的协议。

理由：依照《招标投标法》的规定，招标人和中标人不得再行订立背离合同实质性内容的其他协议。

（2）在施工招标资格预审中，监理单位认为A施工单位有资格参加投标是正确的。

理由：以投标者所处地区作为确定投标资格的依据是一种歧视性的依据，这是《招标投标法》明确禁止的行为。

（3）施工招标评标委员会组成不妥。

理由：评标委员会人员组成中不应包括交通局办公室主任。

正确做法：评标委员会由招标人或其委托的招标代理机构熟悉相关业务的代表以及有关技术、经济等方面的专家组成，成员人数为5人以上单数，其中技术、经济等方面的专家不得少于成员总数的三分之二。

（4）B、D、F、H四家施工单位的投标文件是否为有效标的判断：

①B施工单位的投标为无效标。

理由：B施工单位的情况可以认定为低于成本投标。

②D施工单位的投标是有效标。

理由：D施工单位的投标属于细微偏差。

③F施工单位的投标为无效标。

理由：F施工单位的情况可以认定为是明显不符合招标文件的实质性要求，属于重大偏差。

④H施工单位的投标是有效标。

理由：H施工单位的报价有漏项，属于细微偏差。

考点4　《公路工程标准施工招标文件》（2009年版）（上册）

一、单项选择题

1. **答案：**A

解析：《招标投标法实施条例》规定，招标人在招标文件中要求投标人提交投标保证金的，投标保证金不得超过招标项目估算价（投标总价）的2%。投标保证金有效期应当与投标有效期一致。

2. **答案：**C

解析：公路工程施工通用合同条款第20.1条规定，承包人应以发包人和承包人的共同名义投保建筑工程一切险。建筑工程一切险的保险费由承包人报价时列入工程量清单100章内。发包人在接到保险单后，将按照保险单的费用直接向承包人支付。

3. **答案：**D

解析：《公路工程标准施工招标文件》（2009年版）通用合同条款第20.1款规定，建筑工程一切险的保险金额为工程量清单第100章（不含建筑工程一切险及第三者责任险的保险费）至700章的合计金额。

4. **答案：**D

解析：《公路工程标准施工招标文件》（2009年版）通用合同条款第20.1款规定，建筑工程一切险的保险期限为开工日起直至本合同工程签发缺陷责任期终止证书止（即合同工期＋缺陷责任期）。

5. **答案：**D

解析：《公路工程标准施工招标文件》（2009年版）通用合同条款第4.1.9条规定：

交工验收证书颁发前，承包人应负责照管和维护工程及将用于或安装在本工程中的材料、设备。交工验收证书颁发时尚有部分未交工工程的，承包人还应负责该未交工工程、材料、设备的照管和维护工作，直至交工后移交给发包人为止。

在承包人负责照管与维护期间，如果本工程或材料、设备等发生损失或损害，除不可抗力原因之外，承包人均应自费弥补，并达到合同要求。

6. **答案：**C

解析：《公路工程标准施工招标文件》（2009年版）专用合同条款第14.4条规定：

承包人应负责提供合同和技术规范规定的试验和检验所需的全部样品，并承担其费用。

在合同中明确规定的试验和检验，包括无须在工程量清单中单独列项和已在工程量清单中单独列项的试验和检验，其试验和检验的费用由承包人负担。

如果监理人所要求做的试验和检验为合同未规定的或是在该材料或工程设备的制造、加工、制配场地以外的场所进行的，则检验结束后，如表明操作工艺或材料、工程设备未能符合合同规定，其费用应由承包人承担，否则，其费用应由发包人承担。

7. **答案：** B

解析：《公路工程标准施工招标文件》（2009 年版）通用合同条款第 19. 2. 3 项规定，缺陷责任期内，发包人发现已接收的工程存在新的缺陷或已修复的缺陷部位或部件又遭损坏的，监理人和承包人应共同查清缺陷和（或）损坏的原因。经查明属承包人原因造成的，应由承包人承担修复和查验的费用。经查验属发包人原因造成的，发包人应承担修复和查验的费用，并支付承包人合理利润。

8. **答案：** C

解析：《公路工程标准施工招标文件》（2009 年版）通用合同条款第 19. 2. 2 项规定，缺陷责任期内，发包人对已接收使用的工程负责日常维护和照管工作。因此，在缺陷责任期间，发生桥梁栏杆被盗的事件，该责任及费用损失应由发包人承担。

9. **答案：** A

解析：《公路工程标准施工招标文件》（2009 年版）使用说明中规定，通用条款不允许增删或修改。招标人在根据《公路工程标准施工招标文件》编制项目招标文件中的“项目专用合同条款”时，可根据招标项目的具体特点和实际需要，对“通用合同条款”、“公路工程专用合同条款”进行补充、细化，除“通用合同条款”明确“专用合同条款”可作出不同约定以及“公路工程专用合同条款”明确“项目专用合同条款”可作出不同约定外，补充和细化的内容不得与“通用合同条款”及“公路行业标准工程专用合同条款”强制性规定相抵触。同时，补充、细化或约定的不同内容，不得违反法律、行政法规的强制性规定和平等、自愿、公平和诚实信用原则。

综上所述，通用合同条款一般情况下是不能增删或修改，但可以通过专用条款对通用条款进行补充、细化。

10. **答案：** B

解析： 必须进行招标的二级及以上公路工程的施工招标文件应当使用《公路工程标准施工招标文件》（2009 年版）编制。其中，招标文件中的通用条款直接采用《公路工程标准施工招标文件》（2009 年版）中的通用条款。

11. **答案：** D

解析：《公路工程标准施工招标文件》（2009 年版）通用合同条款第 1. 1. 3. 5 目规定，工程设备，是指构成或计划构成永久工程一部分的机电设备、金属结构设备、仪器装置及其他类似的设备和装置。

12. **答案：** D

解析：《公路工程标准施工招标文件》（2009 年版）通用合同条款第 19. 6 条规定，在通用条款第 1. 1. 4. 5 目约定的缺陷责任期，包括根据通用条款第 19. 3 款延长的期限终止后 14 天内，由监理人向承包人出具经发包人签认的缺陷责任期终止证书，并退还剩余的质量保证金。

13. **答案：** A

解析：《公路工程标准施工招标文件》（2009 年版）通用合同条款第 14.4 条规定：

如果监理人所要求做的试验和检验为合同未规定的或是在该材料或工程设备的制造、加工、制配场地以外的场所进行的，则检验结束后，如表明操作工艺或材料、工程设备未能符合合同规定，其费用应由承包人承担，否则，其费用应由发包人承担。

14. **答案**：C

解析：《公路工程标准施工招标文件》（2009 年版）专用合同条款第 10.1 条规定，承包人应在签订合同协议书后 28 天之内按项目专用合同条款约定的内容，编制详细的施工进度计划和施工方案说明报送监理人。

监理人应在 14 天内对承包人提交的施工进度计划和施工方案说明予以批复或提出修改意见，否则该进度计划视为已得到批准。

15. **答案**：B

解析：《公路工程标准施工招标文件》（2009 年版）通用合同条款第 19.6 条规定，在合同条款第 1.1.4.5 目约定的缺陷责任期，包括根据合同条款第 19.3 款延长的期限终止后 14 天内，由监理人向承包人出具经发包人签认的缺陷责任期终止证书，并退还剩余的质量保证金。

16. **答案**：D

解析：《公路工程标准施工招标文件》（2009 年版）通用合同条款规定，经验收合格工程的实际交工日期，以承包人最终提交交工验收申请报告的日期为准，并在交工验收证书中写明。

17. **答案**：C

解析：《公路工程标准施工招标文件》（2009 年版）通用合同条款第 17.1.4 条规定，承包人对已完成的工程进行计量，向监理人提交已完成工程量报表和有关计量资料。监理人应在收到承包人提交的工程量报表后的 7 天内进行复核，监理人未在约定时间内复核的，承包人提交的工程量报表中的工程量视为承包人实际完成的工程量，据此计算工程价款。

18. **答案**：A

解析：《公路工程标准施工招标文件》（2009 年版）通用合同条款第 17.2.1 条规定，开工预付款的金额在项目专用合同条款数据表中约定。在承包人签订了合同协议书并提交了开工预付款保函后，监理人应在当期进度付款证书中向承包人支付开工预付款的 70% 的价款；在承包人承诺的主要设备进场后，再支付预付款 30%。

19. **答案**：C

解析：《公路工程标准施工招标文件》（2009 年版）通用合同条款第 17.6.1 条规定：

承包人应在缺陷责任期终止证书签发后 28 天内向监理人提交最终结清申请单（包括相关证明材料）。提交最终结清申请单的份数在项目专用合同条款数据表中约定。

发包人对最终结清申请单内容有异议的，有权要求承包人进行修正和提供补充资料，由承包人向监理人提交修正后的最终结清申请单。

20. **答案：**B

解析：《公路工程标准施工招标文件》（2009 年版）通用合同条款第 17.2.3 条规定，当材料、设备已用于或安装在永久工程之中时，材料、设备预付款应从进度付款证书中扣回，扣回期不超过 3 个月。已经支付材料、设备预付款的材料、设备的所有权应属于发包人。

21. **答案：**D

解析：《公路工程标准施工招标文件》（2009 年版）专用合同条款第 9.2.1 条规定，承包人应根据本工程的实际安全施工要求，编制施工安全技术措施，并在签订合同协议书后 28 天内，报监理人和发包人批准。该施工安全技术措施包括（但不限于）施工安全保障体系，安全生产责任制，安全生产管理规章制度，安全防护施工方案，施工现场临时用电方案，施工安全评估，安全预控及保证措施方案，紧急应变措施，安全标识、警示和围护方案等。

22. **答案：**B

解析：《公路水运工程安全生产监督管理办法》（交通部 2007 年第 1 号令）明确规定，施工单位应当设立安全生产管理机构，配备专职安全生产管理人员。

关于专职安全生产管理人员的配备，《公路水运工程安全生产监督管理办法》（交通部 2007 年第 1 号令）明确规定，施工现场应当按照每 5 000 万元施工合同额配备一名的比例配备专职安全生产管理人员，不足 5 000 万元的至少配备一名。

专职安全生产管理人员负责对安全生产进行现场监督检查。发现安全事故隐患，应当及时向项目负责人和安全生产管理机构报告；对违章指挥、违章操作的，应当立即制止。

23. **答案：**B

解析：《公路工程标准施工招标文件》（2009 年版）通用合同条款第 23.1 款规定，引起工期延误的索赔事件发生后，承包人应在 28 天内向监理人发出索赔意向通知书，并说明发生索赔事件的事由。承包人未在上述 28 天内发出工期索赔意向通知书的，丧失要求延长工期的权利。

24. **答案：**D

解析：《公路工程标准施工招标文件》（2009 年版）通用合同条款第 13.5.3 项规定，承包人按合同规定覆盖工程隐蔽部位后，监理人对质量有疑问的，可要求承包人对已覆盖的部位进行钻孔探测或揭开重新检验，承包人应遵照执行，并在检验后重新覆盖恢复原状。

经检验证明工程质量符合合同要求的，由发包人承担由此增加的费用和（或）工期延误，并支付承包人合理利润；经检验证明工程质量不符合合同要求的，由此增加的费用和（或）工期延误由承包人承担。

25. **答案：**A

解析：《公路工程标准施工招标文件》（2009 年版）专用合同条款第 1.4 款规定，

施工合同文件优先次序如下：①合同协议书及各种合同附件；②中标通知书；③投标函及投标函附录；④项目专用合同条款；⑤公路工程专用合同条款；⑥通用合同条款；⑦技术规范；⑧图纸；⑨已标价工程量清单；⑩承包人有关人员、设备投入的承诺及投标文件中的施工组织设计；⑪其他合同文件。

26. **答案**：D

解析：按照合同文件的优先顺序，本题备选项所给出的四种合同文件的排序为：D. 项目专用合同条款；B. 公路工程专用合同条款；C. 通用合同条款；A. 技术规范。按照合同条款的规定，排序在前合同文件的效力高于在后的红头文件。由此可见，上述四种合同文件对某问题的规定不一致，则应按项目专用合同条款的规定为准。

27. **答案**：A

解析：《公路工程标准施工招标文件》（2009 年版）通用合同条款第 3. 1. 2 项规定，监理人发出的任何指示应视为已得到发包人的批准，但监理人无权免除或变更合同约定的发包人和承包人的权利、义务和责任。

28. **答案**：D

解析：《公路工程标准施工招标文件》（2009 年版）通用合同条款第 3. 3. 3 项规定，承包人对总监理工程师授权的监理人员发出的指示有疑问的，可向总监理工程师提出书面异议，总监理工程师应在 48 小时内对该指示予以确认、更改或撤销。

29. **答案**：C

解析：公路工程施工专用合同条款第 4. 1. 9 条规定，交工验收证书颁发前，承包人应负责照管和维护工程及将用于或安装在本工程中的材料、设备。

公路工程施工通用合同条款第 19. 2. 2 条规定，在缺陷责任期内，发包人对已接收使用的工程负责日常维护工作。

综上所述，交工验收证书颁发前，承包人承担工程的照管和维护责任，竣工验收证书颁发后，在缺陷责任期内，发包人承担工程的照管和维护责任。因此，证明工程的照管和维护责任已从承包人转移给发包人的文件是交工验收证书。

30. **答案**：D

解析：《公路工程标准施工招标文件》（2009 年版）通用合同条款第 18. 3. 5 项规定，经验收合格工程的实际交工日期，以最终提交交工验收申请报告的日期为准，并在交工验收证书中写明。

二、多项选择题

1. **答案**：ABCD

解析：《公路工程标准施工招标文件》（2009 年版）的组成包括：招标公告/投标邀请书；投标人须知；评标办法；合同条款及格式；工程量清单；图纸；技术规范；投标文件格式。

2. **答案**：CE

解析：在《公路工程标准施工招标文件》（2009 年版）通用合同条款第 4. 10. 1 项规定，招标人提供的本合同工程的水文、地质、气象和料场分布、取土场、弃土场位置等参考资料，并不构成招标文件和合同文件的组成部分，投标人应对自己对上述资料的解释、推论和应用负责，招标人不对投标人据此作出的判断和决策承担任何责任。

3. **答案**：BE

解析：《公路工程标准施工招标文件》（2009 年版）投标人须知前附表规定：履约担保形式有：①银行保函；②银行保函 + 现金（电汇或银行汇票形式）。

4. **答案**：BCE

解析：按照《公路工程标准施工招标文件》（2009 年版）合同条款的有关规定，在履约阶段的合同担保主要有：①在签订合同协议之前要求承包人提供履约担保；②在支付开工预付款之前要求承包人提供开工预付款担保；③在每个支付周期从给承包人支付的进度款中按合同规定的比例扣下一笔款项作为质量保证金，质量保证金其实质是对履约担保的补充，是承包人为其在缺陷责任期承担的缺陷责任提供的担保。

5. **答案**：ABC

解析：《公路工程标准施工招标文件》（2009 年版）通用合同条款第 20. 1 款规定，建筑工程一切险的投保内容：为本合同工程的永久工程、临时工程和设备及已运至施工工地用于永久工程的材料和设备所投的保险。

6. **答案**：AC

解析：《公路工程标准施工招标文件》（2009 年版）合同条款规定，建筑工程一切险和第三者责任险的保险费均由承包人报价时列入工程量清单 100 章内，作为单独支付子目。发包人在接到保险单后，按照保险单的费用支付。

7. **答案**：ABCD

解析：《公路工程标准施工招标文件》（2009 年版）通用合同条款第 20 条规定，合同当事人应办理的保险主要有：①工程保险（建筑工程一切险）；②人员工伤事故的保险；③人身意外伤害险；④第三者责任险；⑤其他保险（施工设备财产险等）。

8. **答案**：ABD

解析：《公路工程标准施工招标文件》（2009 年版）专用合同条款第 13. 6. 2 项规定，由于发包人的原因（例如提供的材料或工程设备不合格等）造成的工程不合格，需要承包人采取措施补救的，发包人应承担由此增加的费用和（或）工期延误，并支付承包人合理利润。

9. **答案**：ABDE

解析：《公路工程标准施工招标文件》（2009 年版）专用合同条款第 21. 1. 1 项规定，不可抗力是指承包人和发包人在订立合同时不可预见，在工程施工过程中不可避免发生并不能克服的自然灾害和社会性突发事件。包括但不限于：①地震、海啸、火山爆发、泥石流、暴雨（雪）、台风、龙卷风、水灾等自然灾害；②战争、骚乱、暴动，但纯属承包人或其分包人派遣与雇用的人员由于本合同工程施工原因引起者除外；③核反应、辐射或放射性污染；④空中飞行物体坠落或非发包人或承包人责任造成的爆炸、火灾；⑤瘟疫；⑥项目专用合同条款约定的其他情形。

10. **答案：**AD

解析：《公路工程标准施工招标文件》（2009 年版）通用合同条款第 1.1.5.1 目规定，签约合同价，是指签订合同时合同协议书中写明的，包括了暂列金额、暂估价的合同总金额。

通用合同条款第 1.1.5.2 目规定，合同价格是指承包人按合同约定完成了包括缺陷责任期内的全部承包工作后，发包人应付给承包人的金额，包括在履行合同过程中按合同约定进行的变更和调整。

由此可见，签约合同价与合同价格是两个完全不同的概念。

11. **答案：**ABCE

解析：《公路工程标准施工招标文件》（2009 年版）通用合同条款第 1.1.1.7 目规定，图纸，是指包含在合同中的工程图纸，以及由发包人按合同约定提供的任何补充和修改或变更的图纸，包括配套的说明。

12. **答案：**BCE

解析：《公路工程标准施工招标文件》（2009 年版）通用合同条款第 11.3 款规定，在履行合同过程中，由于发包人的下列原因造成关键线路上的工作发生延误的，承包人有权要求发包人延长工期和（或）增加费用，并支付合理利润。

①（因变更）增加合同工作内容；②（因变更）改变合同中任何一项工作的质量要求或其他特性；③发包人延迟提供材料、工程设备或变更交货地点；④发包人提供的材料或工程设备不合格；⑤因发包人原因导致的暂停施工；⑥提供图纸延误；⑦未按合同约定及时支付预付款、进度款；⑧发包人造成工期延误的其他原因。

13. **答案：**ABCD

解析：《公路工程标准施工招标文件》（2009 年版）专用合同条款第 13.2.1 项规定，承包人应在施工场地设置专门的质量检查机构，配备专职质量检查人员，建立完善的质量检查制度。承包人应在签订合同协议书后 28 天之内，提交工程质量保证措施文件，包括质量检查机构的组织和岗位责任、质检人员的组成、质量检查程序和实施细则等，报送监理人审批。

14. **答案：**ABC

解析：《公路工程标准施工招标文件》（2009 年版）专用合同条款第 13.5.3 项规定，承包人按专用条款第 13.5.1 项或第 13.5.2 项覆盖工程隐蔽部位后，监理人对质量有疑问的，可要求承包人对已覆盖的部位进行钻孔探测或揭开重新检验，承包人应遵照执行，并在检验后重新覆盖恢复原状。经检验证明工程质量符合合同要求的，由发包人承担由此增加的费用和（或）工期延误，并支付承包人合理利润；经检验证明工程质量不符合合同要求的，由此增加的费用和（或）工期延误由承包人承担。

15. **答案**：BCDE

解析：《公路工程标准施工招标文件》（2009 年版）合同条款规定：承包人应在签订合同协议书后 28 天之内，向监理人提交的文件主要包括：施工进度计划、施工方案说明、永久占地计划、季度合同用款计划、施工安全技术措施、工程质量保证措施等，以取得监理工程师的审批。

16. **答案**：AC

解析：《公路工程标准施工招标文件》（2009 年版）通用合同条款第 17. 2. 1（1）目规定，开工预付款的金额在项目专用合同条款数据表中约定。在承包人签订了合同协议书并提交了开工预付款保函后，监理人应在当期进度付款证书中向承包人支付开工预付款 70% 的价款；在承包人承诺的主要设备进场后，再支付剩余的 30%。

由此可见，开工预付款的支付条件有两个：①承包人已和发包人签订了施工合同；②承包人已按合同规定提交了开工预付款保函。

17. **答案**：CDE

解析：《公路工程标准施工招标文件》（2009 年版）通用合同条款第 17. 2. 1（1）目规定，材料、设备预付款的支付条件为。

（1）材料、设备符合规范要求并经监理人认可。

（2）承包人已出具材料、设备费用凭证或支付单据。

（3）材料、设备已在现场交货，且存储良好，监理人认为材料、设备的存储方法符合要求。

18. **答案**：ABCE

解析：《公路工程标准施工招标文件》（2009 年版）合同条款规定：

（1）已标价工程量清单中的单价子目工程量为估算工程量。结算工程量是承包人实际完成的，并按合同约定的计量方法进行计量的工程量。

（2）除按照通用条款第 15 条约定的变更外，总价子目的工程量是承包人用于结算的最终工程量。

（3）工程量清单中所列工程量的变动，丝毫不会降低或影响合同条款的效力，也不免除承包人按规定的标准进行施工和修复缺陷的责任。

（4）图纸中所列的工程数量表及数量汇总表仅是提供资料，不是工程量清单的外延。当图纸与工程量清单所列数量不一致时，以工程量清单所列数量作为报价的依据。

（5）工程量清单中投标人没有填入单价或价格的子目，其费用视为已分摊在工程量清单中其他相关子目的单价或价格之中。承包人必须按监理人指令完成工程量清单中未填入单价或价格的子目，但不能得到结算与支付。

19. **答案**：ABD

解析：《公路水运工程安全生产监督管理办法》第 21 条规定，施工单位应当设立安全生产管理机构，配备专职安全生产管理人员。专职安全生产管理人员负责对安全生产进行现场监督检查，并做好检查记录，发现生产安全事故隐患，应当及时向项目负责人和安全生产管理机构报告；对违章指挥、违章操作和违反劳动纪律的，应当立即制止。

20. **答案：** ABC

解析：《公路工程标准施工招标文件》（2009 年版）专用合同条款第 9.2.8（2）目规定，承包人的垂直运输机械作业人员、施工船舶作业人员、爆破作业人员、安装拆卸工、起重信号工、电工、焊工等国家规定的特种作业人员，必须按照国家规定经过专门的安全作业培训，并取得特种作业操作资格证书后，方可上岗作业。

21. **答案：** ACD

解析：《公路工程标准施工招标文件》（2009 年版）通用合同条款第 11.3 款规定，在履行合同过程中，由于发包人的下列原因造成某关键工作发生延误的，承包人有权要求发包人延长工期和（或）增加费用，并支付合理利润。①增加合同工作内容；②改变合同中任何一项工作的质量要求或其他特性；③发包人延迟提供材料、工程设备或变更交货地点；④因发包人原因导致的暂停施工；⑤提供图纸延误；⑥未按合同约定及时支付预付款、进度款；⑦发包人造成工期延误的其他原因。

22. **答案：** ABC

解析：《公路工程标准施工招标文件》（2009 年版）通用合同条款第 11.3 款规定，在履行合同过程中，由于发包人的下列原因造成关键工作发生延误的，承包人有权要求发包人延长工期和（或）增加费用，并支付合理利润。①增加合同工作内容；②改变合同中任何一项工作的质量要求或其他特性；③发包人延迟提供材料、工程设备或变更交货地点；④因发包人原因导致的暂停施工；⑤提供图纸延误；⑥未按合同约定及时支付预付款、进度款；⑦发包人造成工期延误的其他原因。

23. **答案：** ABDE

解析：《公路工程标准施工招标文件》（2009 年版）专用合同条款第 1.4 款规定，合同文件的组成包括：①合同协议书及各种合同附件；②中标通知书；③投标函及投标函附录；④项目专用合同条款；⑤公路工程专用合同条款；⑥通用合同条款；⑦技术规范；⑧图纸；⑨已标价工程量清单；⑩承包人有关人员、设备投入的承诺及投标文件中的施工组织设计；⑪其他合同文件。

24. **答案：** ABDE

解析：《公路工程标准施工招标文件》（2009 年版）专用合同条款第 3.1.1 项规定，监理人受发包人委托，享有合同约定的权力。监理人在行使下列权力前需要经发包人事先批准：①同意分包本工程的某些非主体和非关键性工作；②确定不利物质条件下产生的费用增加额；③发布开工通知、暂停施工指示或复工通知；④决定工期延长；⑤审查批准技术规范或设计的变更；⑥发出的变更指示，其单项工程变更或累计变更涉及的金额超过了项目专用合同条款数据表中规定的金额；⑦确定变更工作的单价；⑧决定有关暂列金额的使用；⑨确定暂估价金额；⑩确定索赔额。

25. **答案：** DE

解析： 根据《公路工程标准施工招标文件》（2009 年版）合同条款的规定，监理工程师签认（签发）的证书主要有：中间交工证书、保修期终止证书。

26. **答案：**ABCE

解析：由发包人签认（签发）的证书包括：进度付款证书、交工付款证书、最后结清证书、交工验收证书、缺陷责任期终止证书等；而由监理工程师签认的证书主要有：中间交工证书、保修期终止证书等。

27. **答案：**ACD

解析：《公路工程标准施工招标文件》（2009 年版）合同条款规定，只有签发了缺陷责任期终止证书，写明承包人实施和完成本合同工程及其缺陷修复责任的义务已经完成，并达到合同规定的预期要求时，才能认为本合同已经结束。此缺陷责任期终止证书应视为构成本合同工程已经完成的批准文件。但合同尚未终止，双方还有有关财务和管理方面的一些义务。工程价款结算是通过最后支付完成的。

三、判断题

1. **答案：**×

解析：施工合同通用条款第 4. 2 款规定，承包人应保证其履约担保在发包人颁发交工验收证书前一直有效。发包人应在交工验收证书颁发后 28 天内把履约担保退还给承包人。

2. **答案：**√

解析：《公路工程标准施工招标文件》（2009 年版）通用合同条款第 4. 12 款规定，投标的单价和总额价应包括合同中规定的承包人的全部义务（包括提供货物、材料、设备、服务的义务，并包括暂列金额和暂估价范围内的额外工作的义务）以及为实施和完成本合同工程及其缺陷修复所必需的一切工作和条件。

3. **答案：**×

解析：工程量清单中的工程数量是投标人投标报价的基础和依据。如果工程量清单中工程量不准确，则会影响投标报价的准确性，从而影响实际费用的支付。同时，如果清单数量不准确，投标人可采用不平衡报价进行投标报价，或因变更使施工中实际完成的工程量超出工程量清单中工程数量，这些都会对造价产生影响。

4. **答案：**×

解析：《公路工程标准施工招标文件》（2009 年版）通用合同条款第 1. 1. 5. 2 目规定，签约合同价是指签订合同时合同协议书中写明的，包括了暂列金额、暂估价的合同总金额。

合同价格是指承包人按合同约定完成了包括缺陷责任期内的全部承包工作后，发包人应付给承包人的金额，包括在履行合同过程中按合同约定进行的变更和调整。

5. **答案：**×

解析：《公路工程标准施工招标文件》（2009 年版）通用合同条款第 1. 1. 5. 4 目规定，暂估价是指发包人在工程量清单中给定的用于支付必然发生但暂时不能确定价格的材料、设备以及专业工程的金额。

暂列金额是指已标价工程量清单中所列的暂列金额，用于在签订协议书时尚未确定或不可预见变更的施工及其所需材料、工程设备、服务等的金额，包括以计日工方式支付的金额。

6. **答案：** ×

解析：《公路工程标准施工招标文件》（2009 年版）通用合同条款第 1. 1. 4. 6 目规定，基准日期，是指投标截止时间前 28 天的日期。

7. **答案：** √

解析：《公路工程标准施工招标文件》（2009 年版）通用合同条款第 14. 4 款规定，如果监理人所要求做的试验和检验为合同未规定的或是在该材料或工程设备的制造、加工、制配场地以外的场所进行的，则检验结束后，如操作工艺或材料、工程设备未能符合合同规定，其费用应由承包人承担，否则，其费用应由发包人承担。

8. **答案：** √

解析：《公路工程标准施工招标文件》（2009 年版）通用合同条款第 13. 6. 2 项规定，由于发包人提供的材料或工程设备不合格造成的工程不合格，需要承包人采取措施补救的，发包人应承担由此增加的费用和（或）工期延误，并支付承包人合理利润。

9. **答案：** √

解析：《公路工程标准施工招标文件》（2009 年版）通用合同条款第 10. 1 款规定，经监理人批准的施工进度计划称合同进度计划，是控制合同工程进度的依据。承包人还应根据合同进度计划，编制更为详细的分阶段或分项进度计划，报监理人审批。

10. **答案：** √

解析：（1）《公路工程标准施工招标文件》（2009 年版）通用合同条款第 19. 1 款规定，缺陷责任期自实际交工日期起计算，具体期限在项目专用合同条款数据表中约定。

（2）《公路工程标准施工招标文件》（2009 年版）通用合同条款第 19. 7 款规定，保修期自实际交工日期起计算，具体期限在项目专用合同条款数据表中约定。

11. **答案：** √

解析：《公路工程标准施工招标文件》（2009 年版）通用合同条款第 17. 1. 5（4）目规定，除按照通用条款第 15 条约定的变更外，总价子目的工程量是承包人用于结算的最终工程量。

12. **答案：** √

解析：《公路工程标准施工招标文件》（2009 年版）通用合同条款第 17. 4. 2 项规定，在通用条款第 1. 1. 4. 5 目约定的缺陷责任期满时，承包人向发包人申请到期应返还承包人剩余的质量保证金金额，发包人应在 14 天内会同承包人按照合同约定的内容核实承包人是否完成缺陷责任。如无异议，发包人应当在核实后将剩余保证金返还承包人。

13. **答案：** √

解析：《公路工程标准施工招标文件》（2009 年版）通用合同条款第 15. 6. 1 项规定，暂定金额应由监理人报发包人批准后指令全部或部分地使用，或者根本不予动用。

14. **答案**：×

解析：可分两种情况讨论：第一种情况，经监理人批准而覆盖的隐蔽工程，重新检验而发生的费用和工期延误，由合同双方哪一方承担，关键在于重新检验的结果如何。若重新检验结果是合格的，由发包人承担，反之，则应由承包人承担一切损失。第二种情况，承包人未经监理人批准而擅自覆盖的隐蔽工程，重新开挖检验的损失，无论结果如何，都由承包人承担。

15. **答案**：√

解析：《公路工程标准施工招标文件》（2009 年版）通用合同条款第 4. 3. 3（6）目规定，所有专业分包计划和专业分包合同须报监理人审批，并报发包人核备。监理人审批专业分包并不解除合同规定的承包人的任何责任或义务。

16. **答案**：×

解析：合同中索赔条款的设立，有利于降低投标报价中的风险费用，从而降低投标报价。

17. **答案**：×

解析：根据解释合同文件的优先排序，技术规范排序在图纸之前。因此，当技术规范和图纸对某一问题的规定不一致时应以技术规范的规定为准。

18. **答案**：√

解析：《公路工程标准施工招标文件》（2009 年版）通用条合同款第 3. 1. 2 项规定，监理人（向承包人）发出的任何指示应视为已得到发包人的批准，但监理人无权免除或变更合同约定的发包人和承包人的权利、义务和责任。

19. **答案**：√

解析：《公路工程标准施工招标文件》（2009 年版）通用合同条款第 3. 4. 4 项规定，除合同另有约定外，承包人只从总监理工程师或按第 3. 3. 1 项被授权的监理人员处取得指示。

20. **答案**：×

解析：《公路工程标准施工招标文件》（2009 年版）合同通用条款第 1. 7. 1 条规定，与合同有关的通知、批准、证明、证书、指示、要求、请求、同意你、意见、确定和决定等，均应采用书面形式。

通用合同条款第 3. 4. 3 项规定，在紧急情况下，总监理工程师或被授权的监理人员可以当场签发临时书面指示，承包人应遵照执行。承包人应在收到上述临时书面指示后 24 小时内，向监理人发出书面确认函。监理人在收到书面确认函后 24 小时内未予答复的，该书面确认函应被视为监理人的正式指示。

四、综合分析题

1. **答案**：

根据合同条款关于不可抗力后果及其处理的规定，该洪水灾害造成的损失责任分担如下：

（1）已完路基被冲毁，损失330万元，由发包人承担。

（2）工地临时生活与办公房屋被毁，损失10万元，由承包人承担。

（3）施工机械设备损失45万元，由承包人承担。

（4）水泥被暴雨淋湿报废，损失20万元，由发包人承担。

（5）工程被迫停工15天，因停工、窝工和机械闲置损失40万元，由承包人承担。

（6）承包人人员伤亡损失15万元，由承包人承担。

（7）由于冲毁的路基堵塞了排水系统，致使公路沿线农田受淹，估计损失80万元，由发包人承担。

2. **答案：**

（1）在路基高边坡施工中，施工单位的做法不妥及理由：

①不妥之处：未按已批准的施工技术方案施工。

理由：施工单位应执行已批准的施工技术方案；若采用新技术时，相应的施工技术方案应经项目监理机构审批。

②不妥之处：总监理工程师下达工程暂停令后施工单位继续施工。

理由：施工单位应当执行总监理工程师下达的工程暂停令。

（2）建设单位下列做法不妥：

①要求监理单位对工程延期承担相应的责任；

②未及时组织交工验收；

③要求施工单位自费修复损毁的工程。

（3）对施工单位采用新的施工技术，项目监理机构还应做如下工作：

①要求施工单位报送采用新技术的施工方案；

②审查施工单位报送的施工方案；

③若施工方案可行，总监理工程师签认；若施工方案不可行，要求施工单位仍按原批准的施工方案执行。

（4）施工单位不同意自费修复损害的工程是正确的。

因为该工程经监理机构审查确认已具备交工验收条件，监理机构已在收到交工验收申请报告后的28天内，报请建设单位进行交工验收。建设单位在监理机构收到交工验收申请报告后的56天内未组织交工验收。按照合同条款的约定，此时应视为该工程已通过交工验收。该工程自施工单位提交交工验收申请报告之日起已进入缺陷责任期，在缺陷责任期内建设单位承担对工程照管和维护的责任。因此，洪水不可抗力导致工程损害的，应由建设单位承担责任。

工程修复时监理工程师的主要工作内容：①进行监督检查，验收合格后予以签认；②核实工程费用和签署工程款支付证书，并报建设单位。

3. **答案：**

（1）监理人拒绝计量的做法不合理。

因为工程计量与是否报单价无关。只要满足以下计量条件就应该同意计量。

①计量项目属于按合同规定应予以计量的项目，包括属于合同工程量清单中的项目、变更项目或合同规定应计量的其他项目；

②计量项目必须质量合格；

③计量项目的验收手续必须齐全；

④计量项目符合安全和环保要求。

由本题所给出的背景材料看，该子目完全符合上述计量条件，因此，监理人应同意计量。

（2）监理人拒绝支付的做法是合理的。

《公路工程标准施工招标文件》（2009 年版）通用合同条款规定，承包人未在已标价工程量清单中填入单价或总额价的工程子目，将被认为其已包含在本合同的其他子目的单价和总额价中，发包人将不另行支付。因此可以认为，承包人在投标报价时已将该桥台背回填土方子目的单价分摊到其他子目的单价中，故该子目不应再单独支付。

另外，从风险的角度来分析，承包人应承担投标报价的风险。应该认为，承包人在递交投标文件前，对本合同工程的投标文件和已标价工程量清单中开列的单价和总额价已查明是正确的和完备的。投标的单价和总额价应已包括了合同中规定的承包人的全部义务以及为实施和完成本合同工程及其缺陷修复所必需的一切工作和条件，因此，对没有单价的工程子目不应再支付。

4. 答案：

（1）事件 1 中建设单位的不妥之处及正确做法如下：

①不妥之处：建设单位与监理单位经协商后确定监理合同价为 260 万元。

正确做法：应以监理中标价 280 万元作为监理合同价。

②不妥之处：建设单位与中标的监理单位协商后于 2014 年 1 月 10 日签订了施工监理合同。

正确做法：应在中标通知书发出后的 30 天内（即 2013 年 12 月底）订立书面合同。

（2）事件 2 中专业监理工程师的不妥之处：对违章吊装作业置之不理。

正确做法：专业监理工程师应报告总监理工程师，由总监理工程师向施工单位下达监理通知，要求停止吊装作业。

（3）事件 2 中项目经理在吊装作业中的不妥之处：在风力过大的情况下安排塔式起重机司机进行吊装作业。

正确做法：不应安排吊装作业。

事件 3 中项目经理在吊装作业中的不妥之处：在未经审核批准专项施工方案的前提下，要求施工人员进行吊装作业。

正确做法：专项施工方案经施工单位技术负责人、总监理工程师签字后才可进行吊装作业。

（4）事件 3 建设单位的不妥之处：要求总监理工程师收回吊装作业暂停令。

正确做法：不应该要求收回暂停令。

事件3中总监理工程师的不妥之处：没有及时将吊装作业情况报告建设单位。

正确做法：总监理工程师在发出暂停施工指令时应及时报告建设单位。

（5）事件4中，监理单位要求建设单位增加监理费是合理的。

理由：监理单位是受建设单位的委托，对施工单位进行监督管理。监理单位与建设单位有合同关系，而与施工单位没有合同关系，由于建设单位与施工单位存在合同关系，对监理单位而言，因施工单位的原因造成监理服务期延长的责任应由建设单位承担。

5. **答案**：（1）该项延长工期和增加费用的索赔不成立。原因如下：

①承包人要求延长工期和增加费用索赔的提出时间超过了合同规定的时限要求。

合同条款规定：承包人应在知道或应当知道索赔事件发生后28天内，向监理人递交索赔意向通知书，并说明发生索赔事件的事由。承包人未在前述28天内发出索赔意向通知书的，丧失要求追加付款和（或）延长工期的权利。

②承包人提出延长工期和增加费用的索赔程序不正确，承包人应向监理人提交延长工期和增加费用的索赔意向通知书及索赔通知书，而不是提交给发包人。

（2）承包人要求延长工期和增加费用的索赔不成立。

因为这完全是承包人自身不妥当的施工组织造成的。虽然监理人批准了承包人编制的施工组织计划，但不能因此解除承包人应负的责任或义务。

6. **答案**：监理人的指示符合合同要求。原因如下：

（1）根据合同条款的有关规定，组成合同的各种文件对同一事项的规定不一致时，应按合同文件的优先顺序来解释。按照合同文件的优先次序，技术规范排在施工图纸的前面，因此应该优先执行技术规范的规定。

（2）合同条款规定，承包人的投标报价应包含合同中规定的承包人的全部义务（包括提供货物、材料、设备、服务的义务，并包括暂列金额和暂估价范围内的额外工作的义务）以及为实施和完成合同工程及其缺陷修复所必需的一切工作和条件。

该题中虽然工程清单中没有出现防水处理子目，但按合同条款的规定，应视为承包人在投标报价时已充分考虑了防水处理的费用，并摊销到有关子目中，故不能再给予支付费用。

考点5　合同管理的工作程序及方法

一、单项选择题

1. **答案**：A

解析：按计价方式不同，承包合同可分为三类：总价合同、单价合同、成本加酬金合同。在这三类合同中，承包人承担风险最大的是总价合同，承包人承担风险最小的是成本加酬金合同。

2. **答案**：C

解析：《公路工程标准施工招标文件》（2009年版）通用合同条款第19.2.2项规定，缺陷责任期内，发包人对已接收使用的工程负日常维护和照管的责任。因此，栏杆被盗应由发包人承担责任。承包人有义务重新安装，但相关费用发包人承担。

3. **答案**：D

解析：《公路工程标准施工招标文件》（2009年版）专用合同条款第4.3款规定：

承包人不得将其承包的全部工程转包给第三人，或将其承包的全部工程肢解后以分包的名义转包给第三人。

经监理人审批，并报发包人同意，承包人可将工程的非主体、非关键性工作分包给第三人。事先未报经监理人审查并取得发包人批准，承包人不得将本合同工程的任何部分分包出去。

4. **答案**：C

解析：领有运输执照的车辆在公路工程施工现场范围以外发生事故造成的第三者的损失不属于第三者责任险的赔偿范围，应属于汽车保险范围。但如果交通事故发生在施工现场范围内，造成的第三者的损失则属于第三者责任险的赔偿范围。

5. **答案**：D

解析：《公路工程标准施工招标文件》（2009年版）合同条款规定，除“承包人无法继续履行或明确表示不履行或实质上已停止履行合同”以外的其他违约行为发生时，监理人可向承包人发出整改通知，要求其在指定的期限内改正。承包人应承担其违约所引起的费用增加和（或）工期延误。在监理人发出整改通知28天后，承包人仍不纠正违约行为的，发包人可向承包人发出解除合同通知。

6. **答案**：C

解析：第三者责任系指在保险期内，对因工程意外事故造成的、依法应由被保险人负责的工地上及毗邻地区的第三者人身伤亡、疾病或财产损失（本工程除外），以及被保险人因此而支付的诉讼费用和事先经保险人书面同意支付的其他费用等赔偿责任。

7. **答案**：C

解析：《公路工程标准施工招标文件》（2009 年版）合同条款第 15.2 款规定，在履行合同过程中，经发包人同意，监理人可按合同条款约定的变更程序向承包人发出变更指示，承包人应遵照执行。没有监理人的变更指示，承包人不得擅自变更。

8. **答案：**C

解析：《公路工程标准施工招标文件》（2009 年版）合同条款第 15.7.1 项规定，发包人认为有必要时，由监理人通知承包人以计日工方式实施变更的零星工作，其价款按列入已标价工程量清单中的计日工计价子目及其单价进行计算。

9. **答案：**A

解析：《公路工程标准施工招标文件》（2009 年版）合同条款第 15.3.1（1）目规定，在合同履行过程中，可能发生第 15.1 款约定情形的（即导致变更的各种情形），监理人可向承包人发出变更意向书。变更意向书应说明变更的具体内容和发包人对变更的时间要求，并附必要的图纸和相关资料。变更意向书应要求承包人提交包括拟实施变更工作的计划、措施和竣工时间等内容的实施方案。发包人同意承包人根据变更意向书要求提交的变更实施方案的，由监理人按第 15.3.3 项约定发出变更指示。

10. **答案：**B

解析：《公路工程标准施工招标文件》（2009 年版）合同条款第 15.3.2（1）目规定，除专用合同条款对期限另有约定外，承包人应在收到变更指示或变更意向书后的 14 天内，向监理人提交变更报价书，报价内容应根据第 15.4 款约定的估价原则，详细开列变更工作的价格组成及其依据，并附必要的施工方法说明和有关图纸。

11. **答案：**A

解析：正常气候条件是承包人可以事先预见到的，该风险责任应由承包人承担。因此，对于正常气候条件下（例如小雨、中雨、大雨等）所导致的暂停施工，由此造成承包人的费用增加和工期延误应由承包人承担。

12. **答案：**B

解析：《公路工程标准施工招标文件》（2009 年版）合同条款第 23.3.1 项规定，承包人按合同条款第 17.5 款的约定接受了交工付款证书后，应被认为已无权再提出在合同工程交工验收证书颁发前所发生的任何索赔。

13. **答案：**C

解析：《公路工程标准施工招标文件》（2009 年版）合同条款第 21.3.1 项规定，不可抗力导致的人员伤亡、财产损失、费用增加和（或）工期延误等后果，由合同双方按以下原则承担：

（1）永久工程，包括已运至施工场地的材料和工程设备的损害，以及因工程损害造成的第三者人员伤亡和财产损失由发包人承担。

（2）承包人设备的损坏由承包人承担。

（3）发包人和承包人各自承担其人员伤亡和其他财产损失及其相关费用。

（4）承包人的停工损失由承包人承担，但停工期间应监理人要求照管工程和清理、修复工程的金额由发包人承担。

（5）不能按期交工的，应合理延长工期，承包人不需支付逾期交工违约金。发包人要求赶工的，承包人应采取赶工措施，赶工费用由发包人承担。

14. **答案**：D

解析：根据索赔发生的时间不同，索赔可分为发生在施工期间的费用索赔和发生在缺陷责任期间的费用索赔。

按照合同条款的有关规定，发生在施工期间的费用索赔款应将其列入进度付款证书中予以支付；发生在缺陷责任期间的费用索赔款应将其列入最终结清证书中予以支付。

15. **答案**：B

解析：监理人是根据发包人与承包人之间所订立的施工合同的授权对合同工程以及对承包人的施工行为实施监督管理。对于工程分包而言，承包人与分包人之间签订分包合同，分包人与发包人之间没有合同关系。因此，监理人与分包人之间不存在监理与被监理的关系，有关分包工程的一切问题，监理人只能直接向承包人发出指令，要求承包人采取措施处理。

16. **答案**：B

解析：施工合同的双方当事人是发包人和承包人。分包合同的双方当事人是承包人和分包人，因此，承包人既是施工合同的一方当事人又是分包合同的一方当事人。

二、多项选择题

1. **答案**：ABD

解析：经监理人批准的施工进度计划被称为合同进度计划。该计划既是承包人组织施工的主要依据，也是监理人进行进度监理的依据。当然发包人也应按该进度计划的安排，分期（也可以一次）将施工所需的现场移交给承包人，以使承包人能够连续不间断地施工。施工过程中，若监理人认为有必要，有权指示承包人修改该进度计划。监理人对施工进度计划的批准，不解除承包人应负的任何责任，监理人对此不负任何连带责任。

2. **答案**：ACDE

解析：公路工程施工合同专用合同条款第 4.3 款对专业分包的规定如下：

（1）承包人不得将其承包的全部工程转包给第三人，或将其承包的全部工程肢解后以分包的名义转包给第三人。

（2）承包人不得将工程主体、关键性工作分包给第三人。经发包人同意，承包人可将工程的其他部分或工作分包给第三人。分包包括专业分包和劳务分包。

（3）在工程施工过程中，承包人进行专业分包还必须遵守以下规定：

①允许专业分包的工程范围仅限于分部工程或分项工程、适合专业化队伍施工的工程，专业分包的工程量累计不得超过总工程量的 30%。②专业分包人的资格能力（含安全生产能力）应与其分包工程的标准和规模相适应，具备相应的专业承包资质。③专业分包工程

不得再次分包。④承包人和专业分包人应当依法签订专业分包合同，并按照合同履行约定的义务。⑤承包人对施工现场安全负总责，并对专业分包人的安全生产进行培训和管理。专业分包人对分包施工现场安全负责，发现事故隐患，应及时处理。⑥所有专业分包计划和专业分包合同须报监理人审批，并报发包人核备。监理人审批专业分包并不解除合同规定的承包人的任何责任或义务。

（4）承包人应与分包人就分包工程向发包人承担连带责任。

（5）发包人对承包人与分包人之间的法律与经济纠纷不承担任何责任和义务。

3. **答案：**ABCD

解析：《公路工程标准施工招标文件》（2009 年版）通用合同条款第 20 条规定的合同当事人应办理的保险包括：①工程保险（建筑工程一切险）；②人员工伤事故的保险；③人身意外伤害险；④第三者责任险；⑤其他保险（施工设备财产险）。

4. **答案：**BCDE

解析：《公路工程标准施工招标文件》（2009 年版）合同条款第 22. 1. 1 项规定，在履行合同过程中发生的下列情况属承包人违约：

（1）承包人违反合同条款的约定，私自将合同的全部或部分权利转让给其他人，或私自将合同的全部或部分义务转移给其他人。

（2）承包人违反合同条款的约定，未经监理人批准，私自将已按合同约定进入施工场地的施工设备、临时设施、材料或工程设备撤离施工场地。

（3）承包人违反合同条款的约定使用了不合格材料或工程设备，工程质量达不到标准要求，又拒绝清除不合格工程。

（4）承包人未能按合同进度计划及时完成合同约定的工作，已造成或预期造成工期延误。

（5）承包人在缺陷责任期内，未能对交工验收证书所列的缺陷清单的内容或缺陷责任期内发生的缺陷进行修复，而又拒绝按监理人指示再进行修补。

（6）承包人无法继续履行或明确表示不履行或实质上已停止履行合同。

（7）承包人未能按期开工。

（8）承包人违反合同条款的规定，未按承诺或未按监理人的要求及时配备称职的主要管理人员、技术骨干或关键施工设备。

（9）经监理人和发包人检查，发现承包人有安全问题或有违反安全管理规章制度的情况。

（10）承包人不按合同约定履行义务的其他情况。

5. **答案：**ABC

解析：《公路工程标准施工招标文件》（2009 年版）合同条款通用条款第 22. 1. 2 项规定：

（1）承包人发生通用条款第 22. 1. 1（6）目约定的“承包人无法继续履行或明确表示不履行或实质上已停止履行合同”的违约情况时，发包人可通知承包人立即解除合同，并按有关法律处理。

（2）承包人发生除通用条款第22.1.1（6）目约定以外的其他违约情况时，监理人可向承包人发出整改通知，要求其在指定的期限内改正。监理人发出整改通知28天后，承包人仍不纠正违约行为的，发包人可向承包人发出解除合同通知。

（3）承包人发生通用条款第22.1.1项约定的违约情况时，无论发包人是否解除合同，发包人均有权向承包人处以项目专用合同条款中规定的违约金，并由发包人将其违约行为上报省级交通主管部门，作为不良记录纳入公路建设市场信用信息管理系统。

6. **答案：**ABCD

解析：《公路工程标准施工招标文件》（2009年版）通用合同条款第11.3款规定，在履行合同过程中，由于发包人的下列原因造成施工进度网络计划中关键线路上某工作发生延误的，承包人有权要求发包人延长工期和（或）增加费用，并支付合理利润。①因变更增加合同工作内容；②因变更改变合同中任何一项工作的质量要求或其他特性；③发包人延迟提供材料、工程设备或变更交货地点；④因发包人原因导致的暂停施工；⑤提供图纸延误；⑥未按合同约定及时支付预付款、进度款；⑦发包人造成工期延误的其他原因。

通用合同条款第11.4款规定，由于出现项目专用合同条款规定的异常恶劣气候的条件导致工期延误的，承包人有权要求发包人延长工期，但无权要求增加费用，也无权要求支付利润。

7. **答案：**BD

解析：按索赔的目标不同，索赔可分为两类：①工期索赔；②费用索赔。

8. **答案：**ABCD

解析：首先检查合同当事人投保的险种是否符合合同规定，以及各类保险单是否有效。

其次，检查每一种保险所涉及的主要事项，包括：保险内容（保险范围）、保险金额、保险费率、保险期限、投标人与被保险人、保险费用、除外责任、免赔额与赔偿限额等。

最后，还要检查保险合同条款的变动情况、保险金不足的补偿情况、持续保险情况、未按约定投保的补救情况、风险事故发生后及时通知保险人，及时报损和接受调查等。

9. **答案：**BCDE

解析：引起工程变更的原因有很多，例如：①出现不可预见的情况；②工程环境发生明显变化；③发包人提出新的要求；④承包人的疏忽、违约或责任；⑤协调进度的需要；⑥设计不合理或施工图纸缺陷；⑦政府部门的干预。

10. **答案：**BCD

解析：公路工程设计变更，是指自公路工程初步设计批准之日起至通过竣工验收正式交付使用之日止，对已批准的初步设计文件、技术设计文件或施工图设计文件所进行的修改、完善等活动。

公路工程设计变更分为重大设计变更、较大设计变更和一般设计变更三类。其中重大设计变更文件由省级交通主管部门审查后报交通运输部批准；较大设计变更文件由省级交通主管部门批准，并报交通运输部备案；一般设计变更文件由项目法人审查确认后决定是否实施。项目法人应当在15日内完成审查确认工作。

11. **答案：** BCDE

解析： 计日工，是指对零星工作采取的一种计价方式，按合同中的计日工子目及其单价计价付款。合同条款有关计日工的规定如下：

（1）未经监理人书面指令，任何工程不得按计日工施工；接到监理人按计日工施工的书面指令，承包人也不得拒绝。

（2）发包人认为有必要时，由监理人通知承包人以计日工方式实施变更的零星工作，其价款按列入已标价工程量清单中的计日工计价子目及其单价进行计算。

（3）采用计日工计价的任何一项变更工作，应从暂列金额中支付，承包人应在该项变更的实施过程中，每天提交有关报表和有关凭证报送监理人审批。

（4）投标人应在计日工单价表中填列计日工子目的基本单价或租价，该基本单价或租价适用于监理人指令的任何数量的计日工的结算与支付。

（5）用于计日工的劳务，一般应按正常工时进行，不允许加班；用于计日工的材料应由承包人供应，未经监理人同意不得任意改变；用于计日工的施工机械设备由承包人提供，因故障闲置的机械设备不支付费用。

（6）计日工不得任意分包，除非得到监理人的事先同意。

（7）计日工不调价。

12. **答案：** ABCD

解析：《公路工程标准施工招标文件》（2009年版）合同条款第15.3.3项规定：

（1）变更指示只能由监理人发出。

（2）变更指示应说明变更的目的、范围、变更内容以及变更的工程量及其进度和技术要求，并附有关图纸和文件。承包人收到变更指示后，应按变更指示进行变更工作。

13. **答案：** ABCD

解析：《公路工程标准施工招标文件》（2009年版）合同条款第15.4款（变更的估价原则）规定，除项目专用合同条款另有约定外，因变更引起的价格调整按照本款约定处理。

（1）如果取消某项工作，则该项工作的总额价不予支付。

（2）已标价工程量清单中有适用于变更工作的子目的，采用该子目的单价。

（3）已标价工程量清单中无适用于变更工作的子目，但有类似子目的，可在合理范围内参照类似子目的单价，由监理人按第3.5款商定或确定变更工作的单价。

（4）已标价工程量清单中无适用或类似子目的单价，可在综合考虑承包人在投标时所提供的单价分析表的基础上，由监理人按第3.5款商定或确定变更工作的单价。

（5）如果本工程的变更指示是因承包人过错、承包人违反合同或承包人责任造成的，则这种违约引起的任何额外费用应由承包人承担。

14. **答案：** ABC

解析：在履行合同过程中，由于发包人的下列原因造成工期延误的，承包人有权要求发包人延长工期和（或）增加费用，并支付合理利润：①因变更导致增加合同工作内容；②因变更导致改变合同中任何一项工作的质量要求或其他特性；③发包人延迟提供材料、工程设备或变更交货地点；④因发包人原因导致的暂停施工；⑤发包人（监理人）提供图纸延误；⑥未按合同约定及时支付预付款、进度款；⑦发包人造成工期延误的其他原因。

15. **答案：**ABDE

解析：（1）在履行合同过程中，由于发包人的下列原因造成工期延误的，承包人有权要求发包人延长工期和（或）增加费用，并支付合理利润：①因变更导致增加合同工作内容；②因变更导致改变合同中任何一项工作的质量要求或其他特性；③发包人延迟提供材料、工程设备或变更交货地点；④因发包人原因导致的暂停施工；⑤发包人（监理人）提供图纸延误；⑥未按合同约定及时支付预付款、进度款；⑦发包人造成工期延误的其他原因。

（2）不可抗力（例如，地震、海啸、火山爆发、泥石流、暴雨、暴雪、水灾等自然灾害，以及战争、骚乱、暴动、核辐射、瘟疫等）或异常恶劣的气候条件（异常恶劣气候条件是指项目所在地30年以上一遇的罕见气候现象，包括温度、降水、降雪、风等）造成工期延误的，承包人有权要求发包人延长工期，但不能要求赔偿经济损失。

应注意的是，上述原因造成工期延误时，只有受影响的工作处在施工进度网络计划的关键线路上，承包人才有权要求延长工期。否则，承包人要求延长工期的要求不能成立。

16. **答案：**CD

解析：机械台班费包括不变费用（包括折旧费、大修理费、经常修理费、安装拆卸及辅助设施费）和可变费用（包括人工费、燃料费、水电费、养路费及车船使用税）。由于监理人下达工程暂停令而使该机械设备闲置，因此，闲置损失中不应包含机械台班费中的可变费用，也不应包含不变费用中的大修理费、经常修理费、安装拆卸及辅助设施费。因此，在工程实践中，机械设备闲置损失通常按机械台班费或者机械设备租赁费来计算的。

17. **答案：**AD

解析：索赔报告（索赔通知书）是承包人向监理人提交的，要求发包人给予一定经济补偿的正式报告。监理人对索赔的审核主要是对索赔报告的审核。监理人对索赔报告的审核主要包括判定承包人的索赔要求是否成立和核查承包人的索赔额计算是否正确两个方面。

18. **答案：**ABCD

解析：监理人对承包人的费用索赔应从以下四方面进行分析与评估：①索赔事实与原因的分析和查证；②索赔依据查证；③索赔证据查证；④索赔费用核实。

监理人在核实承包人提出的费用索赔的数额时应注意，索赔的费用只能是承包人实际发生的费用或损失的费用。另外，有些费用索赔是不包括利润的，只涉及直接费和管理费。

19. **答案：**BDE

解析：《公路工程标准施工招标文件》（2009年版）合同条款第24条规定，发包人和承包人在履行合同中发生争议的，可以友好协商解决或者提请争议评审组评审。合同当事人友好协商解决不成、不愿提请争议评审或者不接受争议评审组意见的，可在项目专用合同条款中约定下列一种方式解决：①向约定的仲裁委员会申请仲裁；②向有管辖权的人民法院提起诉讼。

三、判断题

1. **答案：**×

解析：《公路工程标准施工招标文件》（2009 年版）专用合同条款第 4. 3. 4. （2）目规定，劳务分包应当依法签订劳务分包合同，劳务分包合同必须由承包人的法定代表人或其委托代理人与劳务分包人直接签订，不得由他人代签。承包人的项目经理部、项目经理、施工班组等不具备用工主体资格，不能与劳务分包人签订劳务分包合同。承包人应向发包人和监理人提交劳务分包合同副本并报项目所在地劳动保障部门备案。

2. **答案：**×

解析：合同当事人投保了建筑工程一切险后，并不意味着无论因什么原因造成永久工程、临时工程等的损失和费用保险公司都负有赔偿的义务。通常因自然灾害，意外的事故，盗窃，职工缺乏经验、疏忽、过失或其他恶意行为，原材料和工艺缺陷引起事故等原因造成的损失和费用，保险公司负有赔偿义务。

但是，因以下原因造成的损失和费用，保险公司不承担赔偿的义务：战争、入侵；核反应、核辐射或核污染；自然磨损、氧化和锈蚀；设计错误；非外力引起的机械电器装置的损坏或机械设备的失灵；中止合同、违约罚金；货物运输及工地外的交通事故；被保险人的故意行为和重大过失；全部停工或部分停工等。

3. **答案：**×

解析：合同当事人虽然按照合同规定办理了各种保险，但是灾害和意外事故造成的损失或损害，并不是保险公司支付了赔偿费就能全部弥补的，因此，当事人仍然要采取各种有效的措施防止事故和灾害的发生，并阻止事故的扩大。

4. **答案：**×

解析：在承包人的各种违约行为中，只有发生“承包人无法继续履行或明确表示不履行或实质上已停止履行合同”时，发包人才可通知承包人立即解除合同。

5. **答案：**√

解析：合同条款规定，承包人违约时，监理人可向承包人发出限期整改通知。监理人发出整改通知 28 天后，承包人仍不纠正违约行为的，发包人可向承包人发出解除合同通知。合同解除后，发包人可派员进驻施工场地，另行组织人员或委托其他承包人施工。发包人因继续完成该工程的需要，有权扣留使用承包人在现场的材料、设备和临时设施。但发包人的这一行动不免除承包人应承担的违约责任，也不影响发包人根据合同约定享有的索赔权利。

6. **答案：**√

解析： 如果承包人在投标时拟将投标工程的任何部分分包给第三人，承包人在其投标文件中填报了分包计划，发包人通过接受投标书已表示了同意和认可，而施工合同履行过程中承包人又提出分包要求，则需要经过发包人的同意。

7. **答案：** ×

解析： 工程分包是由于承包人自身的原因造成的，是承包人出于自身能力的考虑。因此，工程分包并不解除承包人对分包工程所承担的任何义务和责任。承包人应与分包人就分包工程向发包人承担连带责任。

8. **答案：** ×

解析：《公路工程标准施工招标文件》（2009 年版）合同条款第 20. 6. 5 项规定，由于负有投保义务的一方当事人未按合同约定办理保险，或未能使保险持续有效的，另一方当事人可代为办理，所需费用由对方当事人承担。

9. **答案：** ×

解析： 合同变更是指合同内容所进行的增减、修改；而工程变更只是指对合同所涉及的工程的数量、质量、形式、高程、尺寸、施工工艺、施工顺序、施工时间等所进行的修改。合同变更的对象是合同所有内容，而工程变更的对象只是合同所涉及的工程项目。因此，合同变更不一定是工程变更。反过来，可以这样说，工程变更是一种特殊形式的合同变更。

10. **答案：** √

解析：《公路工程标准施工招标文件》（2009 年版）合同条款第 15. 2 款规定，在履行合同过程中，经发包人同意，监理人可按第 15. 3 款约定的变更程序向承包人发出变更指示，承包人应遵照执行。没有监理人的变更指示，承包人不得擅自变更。

11. **答案：** ×

解析： 监理人按合同条款约定的变更程序向承包人发出的变更指示才是承包人实施变更的依据。承包人承包人收到变更指示后，应按变更指示进行变更工作。没有监理人的变更指示，承包人不得擅自变更。

12. **答案：** √

解析：《公路工程标准施工招标文件》（2009 年版）工程量清单之计日工说明第 3. 1（2）目规定，未经监理人书面指令，任何工程不得按计日工施工；接到监理人按计日工施工的书面指令，承包人也不得拒绝。

13. **答案：** ×

解析：《公路工程标准施工招标文件》（2009 年版）工程量清单之计日工说明第 3. 1（3）目规定，计日工不调价。

14. **答案：** ×

解析： 变更通常伴随工程数量的改变，但工程数量的改变并不意味着一定发生了工程变更。施工过程中，经常会出现实际工程量与工程量清单中的工程量不一致的现象，如果设计图纸不发生修改，则这种工程数量的变化是由于在编制工程量清单时对工程量估算的误差造成的，这种工程量增减并不属于工程变更的范围。

15. **答案：**×

解析：允许费用索赔使得承包人可以充分利用索赔权利，在自己经济利益遭受损失时，通过合理的索赔获得补偿，这显然对承包人有利。允许费用索赔对发包人也是有利的，因为允许索赔，承包人在投标报价时就无须考虑有关索赔费用，使得发包人能够得到合理的报价。

16. **答案：**×

解析：通常情况下，由于发包人和监理人的原因或责任造成的工程延期，一般会伴随着费用索赔；如果不是由于发包人和监理人的原因或责任造成的工程延期，例如不可抗力、异常恶劣气候条件等造成的延期，通常不会伴随费用索赔。

17. **答案：**×

解析：《公路工程标准施工招标文件》（2009年版）合同条款第24.5款规定，仲裁裁决被人民法院裁定不予执行的，当事人可以根据双方达成的书面仲裁协议重新申请仲裁，也可以向人民法院起诉。

18. **答案：**√

解析：《公路工程标准施工招标文件》（2009年版）合同条款第24.2款规定，在提请争议评审、仲裁或者诉讼前，以及在争议评审、仲裁或诉讼过程中，发包人和承包人均可共同努力友好协商解决争议。

四、综合分析题

1. **答案：**

（1）固定总价合同适用于施工条件明确、工程量比较准确计算、工期较短、技术不太复杂、合同总价较低且风险不大的项目，该工程符合这些条件，因此采用这种合同方式是适合的。

（2）根据《中华人民共和国合同法》和《公路工程标准施工招标文件》（2009年版）合同条款的有关规定，公路工程施工合同应采取书面形式，合同变更也必须是书面的。若在紧急情况下采取口头形式，事后也应该予以书面确认。

上述背景材料中双方用口头形式进行变更但随后没有予以书面确认，这显然不妥。

根据《中华人民共和国合同法》和《中华人民共和国民法通则》等法律的规定，业主未能及时支付工程款，应补偿承包人停工一个月的经济损失，并顺延工期一个月。另一方面，承包人质量出现问题应承担一切责任，因此引起的返工费用由承包人承担，并且支付误期损害赔偿金。

2. **答案：**

（1）事件1中的不妥之处及正确做法如下：

①不妥之处：施工人员不按图纸施工，而是凭经验施工。

正确做法：施工人员必须按图施工。

②不妥之处：监理员向总监理工程师汇报。

正确做法：监理员应向专业监理工程师汇报。

③不妥之处：设计单位电话告知建设单位。

正确做法：设计单位应以书面形式告知建设单位。

该部位结构可以验收。

理由：该部位结构能够满足安全和使用功能的要求。

（2）事件2中项目监理机构对该部位工程不予计量是不正确的。

理由：设计单位核算后认为结构能够满足安全和使用功能的要求，该部位可以进行验收，应给予计量。

项目监理机构不应该批准工程延期申请。

理由：停工是由于施工单位不按图纸施工造成的。

（3）对事件3中施工单位提出的工期和费用索赔是否成立的判断：

①事件3中施工单位提出的工期索赔成立。

理由：不可抗力导致工期延误可给予延期。

②事件3中施工单位提出的费用索赔成立。

理由：不可抗力导致施工现场用于工程的材料损坏所造成的损失由建设单位承担。

（4）事件4中监理机构的做法是正确的。

理由：施工单位为了确保设备安装质量采取的技术措施所增加的费用已包括在合同价款内，由施工单位承担。

3. **答案：**（1）变更的范围和内容如下：

①取消合同中任何一项工作，但被取消的工作不能转由发包人或其他人实施，由于承包人违约造成的情况除外。

②改变合同中任何一项工作的质量或其他特性。

③改变合同工程的基线、高程、位置或尺寸。

④改变合同中任何一项工作的施工时间或改变已批准的施工工艺或顺序。

⑤为完成工程需要追加的额外工作。

（2）变更的估价原则

①如果取消某项工作，则该项工作的总额价不予支付。

②已标价工程量清单中有适用于变更工作的子目的，采用该子目的单价。

③已标价工程量清单中无适用于变更工作的子目，但有类似子目的，可在合理范围内参照类似子目的单价，由监理人按合同相关条款商定或确定变更工作的单价。

④已标价工程量清单中无适用或类似子目的单价，可在综合考虑承包人在投标时所提供的单价分析表的基础上，由监理人按合同相关条款商定或确定变更工作的单价。

⑤如果本工程的变更指示是因承包人过错、承包人违反合同或承包人责任造成的，则这

种违约引起的任何额外费用应由承包人承担。

（3）变更指示应说明变更的目的、范围、变更内容以及变更的工程量及其进度和技术要求，并附有关图纸和文件。

（4）上述背景材料中所增加的三座涵洞构成变更。

理由：合同条款规定，在履行合同过程中发生“为完成工程需要追加的额外工作”的，即构成变更。上述背景材料中所增加的三座涵洞就属于为完成工程需要追加的额外工作。

由于已标价工程量清单中有适用于变更工作的子目的，按合同条款的规定，该变更工作即采用该子目的单价或价格。

4. **答案**：（1）承包人的索赔要求成立必须同时具备以下四个条件：

①与合同相比较，已造成了实际的额外费用或工期损失。

②造成费用增加或工期损失不是由于承包人的过失引起的。

③造成费用增加或工期损失不是应由承包人承担的风险引起的。

④承包人在事件发生后的规定时间内提出了索赔的书面意向通知和索赔报告。

（2）因供砂距离增大提出的索赔不能被批准，原因如下：

①承包人应对自己就参考资料的解释、推论及应用负责。

②承包人应对自己报价的正确性与完整性负责。

③作为一个有经验的承包人可以通过现场踏勘确认招标文件参考资料中提供的用砂质量是否合格，若承包人没有通过现场踏勘发现用砂质量问题，其相关风险应由承包人承担。

（3）事件1：工期和费用索赔均不成立，因为承包人的施工设备故障属于承包人应承担的风险。

事件2：工期和费用索赔均成立，因为迟延提供图纸属于发包人应承担的风险。

事件3：特大暴雨属于双方共同的风险，工期索赔成立，费用索赔不成立。

事件4：工期和费用索赔均成立，因为停电属于发包人应承担的风险。

（4）事件2：5月27日至6月6日，工期索赔11天，费用索赔：11天×2万元/天=22万元。

事件3：6月7日至6月12日，工期索赔6天。

事件4：6月13日至6月14日，工期索赔2天，费用索赔：2天×2万元/天=4万元。

合计：工期索赔19天，费用索赔26万元。

（5）不合理。

因窝工闲置的施工设备按折旧费或停滞台班费或租赁费计算，不包括运转费部分。人工费损失应考虑这部分工作的工人调作其他工作时工效降低的损失费用，一般用工日单价乘以一个测算的降效系数计算这一部分损失，而且按成本费计算，不包括利润。

5. **答案**：（1）监理人应依据合同条款处理此事：不能给予调整材料单价；应该认定承包人通过发包人所提供资料及现场考察，已取得可能对投标有影响或起作用的风险、意外等的必要资料，并且在报价中已经考虑这些因素的影响。

（2）承包人应吸取的经验是：在投标过程中要对发包人提供的资料进行研究，认真做好现场考察环节的工作，充分考虑到市场的影响和施工中存在的风险，并在报价中体现出来，同时在管理中采取相应措施，从而避免或减少损失发生。

6. **答案**：（1）承包人合同管理成功之处在于以下几个方面：

①承包人无须自己打捞桥梁施工结束后丢弃在河道里的块石并运到指定地点，从而节省了一笔开支，而这部分费用是包含在合同价中的。

②承包人出租了自己闲置的挖掘机和推土机，从而获得了一笔租金收益。

③所谓石方是指体积超过 $1m^3$，且无法人工移动而必须采取爆破的土方。在本案中，分包人并没有爆破，块石也没有超过 $1m^3$，因此不能算作石方而只能是土方。但承包人从业主获得较土方单价高的支付。整个过程中承包人什么都没干却获得巨大收益，完全依赖高水平的合同管理。

（2）分包人最大的教训是没有很好地研究合同文件，想当然地认为块石就是套用石方单价。没有很好考察现场环境条件，没有预料到重型卡车陷入河滩的严重后果。

考点6　公路工程施工监理合同

一、单项选择题

1. **答案**：A

解析：按照《公路工程施工监理招标文件范本》（2008年版）的规定，公路工程施工监理合同由以下文件组成：监理合同协议书及附件，中标通知书，投标文件，合同专用条款，合同通用条款，工程专用规范，监理规范，技术规范以及构成本合同组成部分的其他文件。

2. **答案**：B

解析：《公路水运工程监理企业资质管理规定》规定，公路工程监理单位应当按照其获得的资质等级和业务范围开展监理业务：

（1）获得公路工程专业甲级监理资质，可在全国范围内从事一、二、三类公路工程、桥梁工程、隧道工程项目的监理业务。

（2）获得公路工程专业乙级监理资质，可在全国范围内从事二、三类公路工程、桥梁工程、隧道工程项目的监理业务。

（3）获得公路工程专业丙级监理资质，可在企业所在地的省级行政区域内从事三类公路工程、桥梁工程、隧道工程项目的监理业务。

3. **答案**：D

解析：监理合同的组成文件包括：监理合同协议书及附件，中标通知书，投标文件，合同专用条款，合同通用条款，工程专用规范，监理规范，技术规范以及构成本合同组成部分的其他文件。

4. **答案**：B

解析：《公路工程施工监理招标文件范本》（2008年版）通用合同条款第5.1条规定，监理合同协议书生效的时间，以双方签署的协议书上约定的时间为准。

5. **答案**：D

解析：监理人的义务主要包括：①按照合同要求设置监理机构；②在合同约定的工程范围与工作范围内（监理工作范围包括正常监理服务、附加监理服务、额外服务）开展监理服务；③实现合同约定的监理服务履约目标和对第三方履约管理的服务目标；④完成合同约定的监理服务内容；⑤按照合同约定的监理服务的依据开展监理工作；⑥完成合同约定的各项监理职责；⑦按合同要求选派监理人员；⑧承担保密义务。

本题中A、B、C三项均为发包人的义务。

6. **答案**：B

解析：现行公路工程施工监理合同通用条款第6.1条规定，监理人服务费用由以下四部分组成：①派驻监理人员费用；②现场费用；③企业管理费；④利润和税金。

从监理服务费用计算的角度出发，监理服务费用由正常监理服务费、附加监理服务费和额外服务费三个方面的监理费用组成。

7. **答案：**C

解析：现行公路工程施工监理合同通用条款第6.3.5条规定，除非专用条款另有约定，施工阶段监理服务费在合同约定的正常施工阶段期限内按月平均支付。

8. **答案：**B

解析：（1）《建设工程监理与相关服务收费管理规定》（发改价格［2007］670号）附件〈建设工程监理与相关服务收费标准〉第1.0.3条规定，铁路、公路、水运、水电、水库工程的施工监理服务收费按建筑安装工程费分档定额计费方式计算收费。其他工程的施工监理服务收费按照建设项目工程概算投资额分档定额计费方式计算收费。

（2）现行公路工程施工监理合同通用条款第6.2.1条规定，正常监理服务费用中施工阶段监理服务费应依照监理工程的建筑安装工程费，按照《建设工程监理与相关服务收费管理规定》（发改价格［2007］670号）计算。

二、多项选择题

1. **答案：**ABC

解析：《公路水运工程监理企业资质管理规定》将公路工程专业监理资质分为甲级、乙级、丙级三个等级和特殊独立大桥专项、特殊独立隧道专项、公路机电工程专项。其中，获得公路工程专业甲级监理资质的监理企业，可在全国范围内从事一、二、三类公路工程、桥梁工程、隧道工程项目的监理业务。

2. **答案：**CDE

解析：《公路工程施工监理招标文件范本》（2008年版）规定，参加公路工程施工监理投标，从事公路工程监理业务活动的监理单位应具备以下的资格要求：①具有相应的监理资质等级；②持有工商行政管理部门核发的企业法人营业执照；③具有相应的工程施工监理经验。

3. **答案：**CDE

解析：施工监理投标文件中的财务建议书的组成包括：①财务建议书递交函；②财务建议书说明；③监理服务费报价表。

其中，监理服务报价表包括：附表D监理服务费报价汇总表；附表D-1施工阶段监理服务费计算表；附表D-2交工验收与缺陷责任期阶段监理服务费计算表；附表D-3监理人员工作计划安排表。

4. **答案：**BCDE

解析：技术建议书的内容主要应包括：①工程概述；②监理工作范围；③现场监理机构设置与人员安排；④监理仪器、设备和设施的配备；⑤监理工作程序；⑥监理大纲

（或监理方案）和措施；⑦本工程监理工作的重点与难点分析；⑧对本工程建议。

5. **答案**：ABC

解析：当工程设置二级监理机构时，总监办的监理服务内容（职责）包括：

①按合同要求建立总监办中心试验室；②熟悉合同文件，调查施工环境条件；③主持编制监理计划，审批各驻地办主持编制的监理细则；④参加设计交底；⑤审批承包人提交的施工组织设计；⑥审批承包人提交的总体进度计划，核批承包人对总体进度计划的调整计划；⑦签发开工预付款支付证书；⑧审批承包人提交的分项、分部、单位工程划分；⑨检查承包人的质量、安全和环保等保证体系，审核工地试验室，抽查控制桩点复测、测定地面线和工程划分及驻地办工作；⑩主持召开监理交底会和第一次工地会议；⑪签发合同工程开工令；⑫审批重要工程材料及混合料配合比；⑬审核工程中期支付申请，签发中期支付证书；⑭签发单位工程或合同工程的暂停令和复工令；⑮按合同约定审核、评估和处理工程变更、工程延期、费用索赔、价格调整、保险、违约、争端等合同事项；⑯组织编写监理月报；⑰根据工程需要主持召开专题工地会议；⑱对发生的质量缺陷、质量隐患和质量事故进行调查、处理或督促承包人按规定报告有关部门；⑲协助发包人审查交工验收申请，评定工程质量；⑳参加发包人组织的合同工程交工验收；㉑编写监理工作报告；㉒签认交工结账证书；㉓组织编制工程监理竣工文件，并督促承包人按合同约定编制和整理竣工资料；㉔在合同工程的缺陷责任期内，检查承包人剩余工程的实施，巡视检查已完工程，指示承包人修复发生的工程缺陷，调查、确认缺陷责任及修复费用；㉕签发合同工程缺陷责任终止证书；㉖签认最后支付证书；㉗参加工程竣工验收。

6. **答案**：

解析：（1）现行公路工程施工监理合同通用条款第 5.1 条规定，监理合同协议书生效的时间，以双方签署的协议书上约定的时间为准。

（2）监理合同协议书第 9 条规定，本协议书经双方签字盖章后，监理人按约定提交履约保函后生效。

（3）现行公路工程施工监理合同通用条款第 5.3 条规定，监理合同终止和失效的时间，按双方签署的协议书上注明的方式确定。

（4）监理合同协议书第 9 条规定，本监理合同协议书至双方按照监理合同的约定履行完各自的义务和责任后自然失效。

（5）监理招标文件规定，招标人和中标人应在自发出中标通知书之日起 30 日内签署监理合同协议书。在签订监理合同协议书前，中标人须按规定的形式和金额向招标人提交履约担保。在监理人提交履约担保，并且双方在监理合同协议书签字盖章后监理合同生效。

7. **答案**：AE

解析：施工监理服务目标一般可分为两个方面：一是履行监理合同的目标；二是对施工合同中承包人履约管理的服务目标。

8. **答案**：ABDE

解析： 监理合同中涉及监理人权利的条款可分为两大类：一类是监理合同赋予的权利；另一类是施工合同赋予的权利。

（1）监理合同中赋予监理人的权利，包括：①完成监理任务后获得酬金的权利；②解除合同的权利。

（2）施工合同赋予的权利，包括：①对实施项目质量、工期和费用的监督控制权；②组织协调的主持权；③工程计量与支付的审核确认权；④工程分包的审查权；⑤工程技术上的核定权；⑥工程变更、延期、费用索赔、价格调整等合同事项的审核权。

9. **答案：** ACE

解析： 施工阶段监理服务费（包括施工准备阶段、施工阶段）应依照监理工程的建筑安装工程费，按照《建设工程监理与相关服务收费管理规定》（发改价格［2007］670号）计算。

施工阶段监理服务收费计算方法（包括施工准备阶段和施工阶段）：

施工监理服务费 = 施工监理服务收费基准价 ×（1 ± 浮动幅度值）

施工监理服务收费基准价 = 施工监理服务收费基价 × 专业调整系数 × 工程复杂程度调整系数 × 高程调整系数

其中：浮动幅度值（%）为投标人自行填报，浮动幅度为上下 20%；

施工监理服务收费基价按《施工监理服务收费基价表》（附表二）确定，附表二中的计费额为工程概算中的建筑安装工程费。

专业调整系数、工程复杂程度调整系数、高程调整系数按《建设工程监理与相关服务收费标准》（发改价格［2007］670 号）确定。

三、判断题

1. **答案：** √

解析： 根据施工监理合同通用条款第 1.2.3 条的规定，监理合同文件的组成包括：①监理合同协议书及附件；②中标通知书；③投标文件；④合同专用条款；⑤合同通用条款；⑥工程专用规范；⑦监理规范；⑧技术规范；⑨在本合同专用条款中约定的构成本合同组成部分的其他文件。

2. **答案：** √

解析： 现行公路工程施工监理合同通用条款第 5.2 条规定，监理人必须按照监理合同约定的时间和有关期限履行和完成监理服务。如果非监理人的原因，致使监理服务时间需要延长，可由双方通过协商，另行签订补充协议。

3. **答案：** ×

解析： 现行公路工程施工监理合同通用条款第 5.6 条规定：①监理人不得转让工程监理业务；②监理人不得将监理服务的任何部分分包。监理人因监理服务的需要，聘用专业技术人员和辅助工作人员不属于分包。

4. **答案**：×

解析：施工监理服务的目标包括两个方面：①监理服务履约目标，就是履行监理合同所要实现的目标；②对第三方履约管理的服务目标，就是对施工承包人履行施工合同实施管理所要实现的目标。

四、综合分析题

答案：

（1）该项目监理合同的组成不完备。还缺少以下文件：①中标通知书；②监理投标文件；③合同专用条款；④工程专用规范；⑤构成本合同组成部分的其他文件。

（2）监理人应承担的义务包括：

①按照合同规定设置现场监理组织机构。

②在合同约定的监理服务的工程范围和监理服务的工作范围内开展监理服务。

③实现合同约定的对第三方（承包人）履约管理的服务目标和监理服务履约目标。

④完成合同约定的监理服务内容。

⑤按照合同约定的监理服务的依据开展监理工作。

⑥履行合同约定的各项监理职责。

⑦选派能胜任合同约定的监理服务工作的监理人员。更换总监或重要岗位监理人员时，应事先得到发包人的同意，其替代人员的资质不得低于被替换人员且应得到发包人的认可。

⑧履行合同约定的保密义务。

⑨按照合同约定向发包人提供履约担保。

发包人应承担的义务包括：

①按照合同约定向监理人提供履行监理服务所必需的工作条件。

②向监理人免费提供有关资料（如施工合同、已标价的工程量清单、合同图纸、技术规范、检验评定标准等）。

③协助监理人解决进驻现场、非监理人原因而发生意外事件时监理人的撤离等相关事宜。

④对监理人有关针对本工程的工期、质量、费用、安全和合同管理等问题的请示及时予以答复（一般问题的答复时间不超过 7 天，重大问题不得超过 28 天）。

⑤指派一名授权代表与监理人的授权代表建立工作关系。

⑥向第三方（承包人）书面通知将履行监理服务的监理人及其发包人所授予的权力。

⑦按照合同约定向监理人支付监理服务费用。

⑧应通过监理人向承包人提出在合同约定监理服务范围内的任何意见或要求。

⑨向监理人提供支付担保。

（3）监理人转让监理业务的行为已经构成违约。

在履行监理合同过程中，监理人的违约行为包括以下情形：

①监理人违反监理合同的约定，将监理服务的任何部分转让或分包。

②监理人未能按照投标文件的承诺配备满足监理服务需求的人员或设备。

③监理人不履行监理职责，造成工程质量、安全事故或向承包人索贿、谋取私利，或与承包人串通损害发包人利益，给发包人造成损失。

④监理人未按《公路工程施工监理规范》（JTG G10—2006）的规定对主要工程或关键工序进行旁站、巡视或抽检。

⑤违反合同专用条款约定的其他情形。

发包人应视其违约情节分别采取如下处理方法：

监理人违反上述约定应承担违约责任，发包人有权向监理人发出书面通知要求其限期改正。当发包人在向监理人发出书面通知的14日内未见纠正后，可以向监理人课以专用条款中约定的违约金，并可在21日内发出第二次通知终止合同。在发生第（1）项或（3）项情形时，发包人可直接发出书面通知立即终止合同。

（4）监理服务费用的组成包括以下几部分：①派驻监理人员费用；②现场费用；③企业管理费；④利润和税金。

监理服务费用支付方式为总价平均、分期支付。即发包人采用总价平均、分期支付的方式按月向监理人支付监理服务费。

第三部分　模 拟 试 卷

模拟试卷一

一、单项选择题

1. 合同所确定的当事人之间的关系是一种（　　）关系。

A. 法律　　B. 商业

C. 经济　　D. 经营

2. 监理工程师在履行监理职责时因工作失误，给施工单位造成损失，施工单位应当要求（　　）赔偿损失。

A. 监理工程师　　B. 监理单位

C. 项目经理　　D. 建设单位

3. 某企业法定代表人委托甲代理人代签某工程合同，甲代理人超越授权范围签订了该工程合同，事后获得法定代表人同意，则此代理行为应认定为（　　）。

A. 无效代理行为　　B. 有效代理行为

C. 无权的代理行为　　D. 无法律效力行为

4. 根据《中华人民共和国合同法》的规定，建设工程合同应当采用（　　）。

A. 口头形式　　B. 书面形式

C. 默示形式　　D. 推定形式

5. 甲方与乙方依法订立货物买卖合同。合同约定甲方于2014年6月8日交货，乙方在交货期后的一周内付款。交货期届满时，甲方发现乙方有抽逃资金以逃避债务的行为。对此甲可依法行使（　　）。

A. 先履行抗辩权　　B. 同时履行抗辩权

C. 不安抗辩权　　D. 债权撤销权

6. 按照《中华人民共和国合同法》规定，合同的订立必须经过（　　）两个阶段。

A. 提议和答复　　B. 要约和承诺

C. 提议和谈判　　D. 协商和确定

7. 承诺以通知方式作出的，其生效的时间为（　　）。

A. 受要约人做出承诺时

B. 受要约人发出该承诺时

C. 该承诺到达要约人时

D. 该承诺的内容为要约人所了解时

8. 建设单位与施工单位欲签订一份建设工程施工合同，建设单位签字盖章后邮寄给施工单位签字盖章。该合同成立的时间应为（　　）。

A. 建设单位签字盖章时

B. 施工单位收到建设单位签字盖章的合同时

C. 施工单位签字盖章时

D. 建设单位、施工单位就合同内容达成合意时

9. 《中华人民共和国合同法》规定，对于可撤销合同，具有撤销权的当事人自知道或者应当知道撤销事由之日起（　　）年内没有行使撤销权的，则合同撤销权消灭。

A. 1　　B. 2

C. 3　　D. 4

10. 下列关于定金合同与主合同之间关系的表述中，正确的是（　　）。

A. 如主合同有效，定金合同必有效

B. 如主合同无效，定金合同必无效

C. 如定金合同无效，主合同必无效

D. 如定金合同有效，主合同必有效

11. 在订立合同过程中，一方故意隐瞒与订立合同有关的重要事实，给对方造成损失的，应承担（　　）责任。

A. 违约赔偿　　B. 风险损害赔偿

C. 缔约过失　　D. 双倍返还定金

12. 依据《中华人民共和国合同法》的规定，当事人一方可以解除合同的情况为（　　）。

A. 不可抗力发生

B. 当事人一方迟延履行主要债务

C. 当事人一方有违约行为

D. 在履行期限届满之前，当事人一方以自己的行为表明不履行主要债务

13. 合同当事人承担违约责任的方式不包括（　　）。

A. 采取补救措施　　B. 赔偿损失

C. 支付违约金　　D. 行政处罚

14. 某公路工程施工合同已标价工程量清单中有一工程子目，其工程量为 $100m^3$，承包人在投标时未填报该子目的单价。在施工过程中该工程子目实际完成的并经监理人确认的工程量为 $120m^3$，则该工程子目（　　）。

A. 应按预算价格支付其费用

B. 不应支付任何费用

C. 应按实际完成的工程量支付费用

D. 只支付其中 $20m^3$ 的费用

15. 某建设工程项目的招标人在招标文件中规定了只有获得过本省工程质量奖项的潜在投标人才有资格参加该项目的投标。这个规定违反了（　　）原则。

A. 公开　　B. 公平

C. 公正　　D. 诚实信用

16. 某公路工程项目施工招标采用公开招标方式。在完成招标准备工作、投标资格预审

文件和招标文件的编制、发布招标公告、发售投标资格预审文件之后，还要进行以下工作：①发售招标文件；②对潜在投标人进行资格审查；③召开标前答疑会；④组织现场考察；⑤接受投标人提交的投标文件；⑥开标、评标和定标；⑦发出中标通知书、签订施工合同。这些工作的正确顺序是（　　）。

A. ①②③④⑤⑥⑦　　B. ②①④③⑤⑥⑦

C. ③④①②⑤⑥⑦　　D. ④②③①⑥⑤⑦

17. 除技术特别复杂的特大桥和长大隧道工程外，公路工程施工招标评标，一般应当使用（　　）。

A. 合理低价法　　B. 最低评标价法

C. 综合评估法　　D. 固定标价评分法

18. 按照《公路工程标准施工招标文件》（2009 年版）的规定，中标人应在发出中标通知书后 30 天内，并在（　　），按合同规定向发包人提供履约担保。

A. 签订合同协议书之前　　B. 签订合同协议书之后

C. 收到中标通知书之前　　D. 收到中标通知书之后

19.《公路工程标准施工招标文件》（2009 年版）合同条款规定，（　　）颁发前，承包人应负责照管和维护工程及将用于或安装在本工程中的材料、设备。

A. 缺陷责任期终止证书　　B. 保修期终止证书

C. 最终结清证书　　D. 交工验收证书

20. 某路基工程在施工过程中，某天下午天降小到中雨，为了保证施工质量，监理人下达暂时停工的指令，结果工程停工一天。承包人就此停工增加的费用和工期延误提出索赔要求，对此要求，监理人应（　　）

A. 予以受理　　B. 拒绝受理

C. 与承包人协商后再作决定　　D. 请示发包人后再作决定

二、多项选择题

1. 下列有关合同与法律关系的表述中，正确的有（　　）。

A. 合同是一种法律手段

B. 合同一种具有强制力的法律规范

C. 合同关系实际上是一种法律关系

D. 订立合同是一种法律行为

E. 合同的效力是以服从法律为前提的

2. 代理活动是一种民事法律行为，其法律特征有（　　）。

A. 代理人必须在代理权限内实施代理行为

B. 代理人以被代理人的名义实施代理行为

C. 代理人在被代理人的授权范围内独立地表现自己的意志

D. 被代理人对代理人的行为承担民事责任

E. 代理人须与被代理人协商才能进行代理

3. 以代理权产生的依据不同，可将代理分为（　　）。

A. 委托代理　　B. 间接代理

C. 法定代理　　D. 直接代理

E. 指定代理

4. 按照有关法律规定，法人应具备的条件包括（　　）等。

A. 依法成立　　B. 经核准登记

C. 有必要的财产或者经费　　D. 有自己的组织机构

E. 能独立承担民事责任

5. 《中华人民共和国合同法》中规定的合同履行中的抗辩权包括（　　）。

A. 先履行抗辩权　　B. 后履行抗辩权

C. 同时履行抗辩权　　D. 不安抗辩权

E. 主动抗辩权

6. 根据《中华人民共和国合同法》的规定，要约发出以后，下列情形中可导致要约失效的有（　　）。

A. 要约被撤销

B. 要约被拒绝

C. 要约人确定了承诺期限

D. 要约人死亡

E. 承诺期限届满，受要约人未作出承诺

7. 依据《中华人民共和国合同法》的规定，合同的权利义务终止，不影响合同中（　　）的效力。

A. 清理条款　　B. 结算条款

C. 解决争议方法条款　　D. 违约责任条款

E. 风险条款

8. 《中华人民共和国合同法》规定，合同应具备的主要条款的有（　　）。

A. 当事人的名称或者姓名和住所　　B. 数量和质量

C. 履行期限、地点和方式　　D. 当事人的资格与财务状况

E. 违约责任和解决争议的方法

9. 根据《中华人民共和国合同法》的规定，下列合同中属于可撤销合同的有（　　）。

A. 以欺诈、胁迫的手段订立的，损害国家利益的合同

B. 因重大误解订立的合同

C. 显失公平的合同

D. 以欺诈、胁迫的手段，使对方在违背真实意思的情况下订立的合同

E. 违反法律、法规中的强制性规定的合同

10. 我国《中华人民共和国担保法》规定的合同担保的形式有（　　）。

A. 质押　　B. 抵押

C. 暂定金　　D. 预付款

E. 留置

11. 合同生效应当具备的条件的有（　　）。

A. 当事人具有相应的民事行为能力

B. 当事人的意思表示真实

C. 不违反法律，不损害社会公共利益

D. 具备法律所要求的形式

E. 合同已经过公证或者鉴证

12. 按照《公路工程标准施工招标文件》（2009 年版）的规定，投标文件中存在的细微偏差包括（　　）等。

A. 施工组织设计不够完善

B. 项目管理机构不够完善

C. 提出了与招标文件不同的工程验收、计量、支付办法

D. 在招标人给定的工程量清单中修改了某个子目的工程数量

E. 在按照招标文件的规定对投标价进行算术性错误修正及其他错误修正后，最终投标报价未超过投标控制价上限（如有）的情况下，在招标人给定的工程量清单中漏报了某个工程子目的单价、合价或总额价

13. 合同生效后，当事人对合同价款约定不明确的，可以按照（　　）等方法确定的价格履行。

A. 协议补充

B. 按照合同的有关条款

C. 按照交易习惯

D. 按照订立合同时履行地的市场价格

E. 按照订立合同时订立地的市场价格

14. 依据《中华人民共和国合同法》的规定，在合同履行过程中发生的下列情况中，允许合同解除的有（　　）。

A. 因不可抗力致使不能实现合同目的

B. 当事人一方发生合并、分立

C. 在履行期限届满之前，当事人一方以自己的行为表明不履行主要债务

D. 当事人一方迟延履行债务致使不能实现合同目的

E. 作为当事人一方的法定代表人变更

15. 按照《公路工程标准施工招标文件》（2009 年版）的有关规定，工程量清单的组成包括（　　）。

A. 投标报价说明　　B. 计日工说明

C. 工程量清单说明　　D. 工程量清单各项表格

E. 工程项目划分说明

16. 根据《公路工程标准施工招标文件》（2009 年版）合同条款的规定，监理人在行使下列（　　）等权力前需要经发包人事先批准。

A. 审查批准技术规范或设计的变更

B. 确定变更工作的单价

C. 审查批准施工组织设计

D. 确定暂估价金额

E. 同意分包本工程的某些非主体和非关键性工作

17. 在履行合同过程中，由于下列（　　）原因造成某关键工作发生延误的，承包人有权要求发包人延长工期和增加费用，并支付合理利润。

A. 因变更增加合同工作内容

B. 发包人迟延提供材料、工程设备

C. 发包人提供图纸延误

D. 发包人未按合同约定及时支付进度款

E. 出现异常恶劣的气候条件

18. 监理工程师受理承包人工程延期申请应具备的条件包括（　　）。

A. 由于承包人的原因，工程不能按原定工期完工

B. 延期事件发生后，承包人在合同规定的期限内提交了延期意向通知书

C. 承包人按合同规定提交了详细真实的证据资料

D. 延期事件终止后，承包人在合同规定的期限内提交了延期申请报告

E. 承包人已向主管部门报告了延期事件发生的详细情况

19. 监理工程师在审批费用索赔时，应坚持的原则包括（　　）。

A. 恪守合同原则　　B. 尊重事实原则

C. 公平合理原则　　D. 分级审批原则

E. 及时受理原则

20. 《公路工程标准施工招标文件》（2009 年版）合同条款规定的合同争议的解决方式有（　　）。

A. 提交监理人裁定

B. 友好协商或提请争议评审组评审

C. 通过双方的上级主管部门进行调解

D. 向约定的仲裁委员会申请仲裁

E. 向有管辖权的人民法院提起诉讼

三、判断题

1. 无权代理行为对于被代理人没有法律约束力。（　　）

2. 格式条款就是指由当事人双方通过协商，按照规定的格式所订立的合同条款。（　　）

3. 某合同中没有约定合同的履行期限和履行地点，则该合同无效。（　　）

4. 按照《合同法》的规定，当事人一方在缔结合同之际具有过失，从而导致合同不成立，就应该承担缔约过失的法律责任。（　　）

5. 合同工期是指由发包人所确定的，要求承包人完成合同约定的各项工作的期限。（　　）

6. 质量保证金是指合同条款规定的，用于保证在施工期间履行质量义务的金额。（　　）

7. 工程量清单中投标人没有填入单价或价格的子目，承包人没有义务完成。如监理人指令承包人完成工程量清单中未填入单价或价格的子目，则承包人应能得到结算与支付。（　　）

8. 如果监理人在监理服务过程中行使的权力或所需的授权，来自于发包人和施工承包人签订的工程施工合同文件，则该施工合同文件必须成为监理合同的组成部分。（　　）

9. 经发包人同意，承包人可以将其承包工程的任何部分分包给第三人。（　　）

10. 在提请争议评审、仲裁或者诉讼前，以及在争议评审、仲裁或诉讼过程中，发包人和承包人均可共同努力友好协商解决争议。（　　）

四、综合分析题

1. 某公路工程施工项目通过公开招标方式选择施工单位，中标单位北方路桥公司委派项目经理张三与建设单位总经理李四谈判并签订了施工合同，该合同经公证机构公证有效。同时建设单位委托诚信监理有限公司承担该工程项目的施工监理工作，并已与之签订了监理合同。

在该工程项目施工初期，经监理工程师审查，并报发包人同意，北方路桥公司将其承建工程的一部分分包给光明建筑公司，并与之签订了分包合同。

试根据上述背景材料解答以下问题：

（1）上述背景材料中所涉及的合同法律关系有哪些？请作简要分析。

（2）请说明合同法律关系的构成要素。试说明上述施工合同法律关系中的构成三要素各是什么？

（3）北方路桥公司是法人吗？请说明法人应具备的条件。

（4）请说明在该施工合同订立的过程中，张三与李四的法定身份各是什么？

（5）合同代理的基本形式有哪几种？上述施工合同的订立采用了哪一种合同代理形式？该种合同代理形式成立应具备的条件有哪些？

2. 建设单位与施工单位就完成某建设工程项目的施工签订了施工合同。在合同履行过程中，由于该施工合同对工程质量约定不明确，致使双方当事人产生争议。试根据合同法的有关规定解答以下问题：

（1）建设工程施工合同的内容包括哪些？

（2）当事人对工程质量约定不明确的这个问题如何补救？

（3）合同履行过程中双方当事人产生的合同争议应如何处理？

模拟试卷二

一、单项选择题

1. 《中华人民共和国合同法》规定，建设工程合同没有规定的，适用（　　）的有关规定。

A. 委托合同　　B. 技术合同

C. 承揽合同　　D. 买卖合同

2. 由于客观条件的限制，某施工企业的法定代表人不能亲自签订合同，可以采用（　　）方式订立合同。

A. 转让代理　　B. 指定代理

C. 委托代理　　D. 法定代理

3. 建设工程施工合同法律关系的客体是（　　）。

A. 物　　B. 行为

C. 财　　D. 智力成果

4. 根据法律规定，对格式条款有两种以上解释的，应作出（　　）的解释。

A. 有利于提供格式条款一方　　B. 不利于提供格式条款一方

C. 符合常理　　D. 符合交易习惯

5. 在公路工程施工合同履行过程中，建设单位对施工单位施工质量不合格的工程不予以计量支付，这一行为是行使（　　）。

A. 一般抗辩权　　B. 同时履行抗辩权

C. 不安抗辩权　　D. 先履行抗辩权

6. 根据《中华人民共和国合同法》的规定，下列变更中，构成新要约的是（　　）。

A. 要约确认方式的变更　　B. 承诺生效地点的变更

C. 合同履行地点的变更　　D. 合同文件寄送方式的变更

7. 根据《中华人民共和国合同法》的规定，下列情况中，承诺有效的是（　　）。

A. 承诺对要约的内容作出了实质性变更

B. 撤回承诺的通知与承诺同时到达要约人

C. 受要约人超过承诺期限发出承诺

D. 承诺被延误，要约人未及时通知受要约人

8. 根据《中华人民共和国合同法》的规定，下列有关合同效力的表述中，正确的是（　　）。

A. 依法成立的合同对当事人有法律约束力

B. 只有依法生效的合同才对当事人具有法律约束力

C. 只有依法生效又经过“公证”或“鉴证”的合同才对当事人具有法律约束力

D. 只有依法成立又经过“公证”或“鉴证”的合同才对当事人具有法律约束力

9. 合同中有关（　　）的条款的效力具有相对独立性，不受合同无效、被撤销或者终止的影响。

A. 违约责任　　B. 解决争议方法

C. 价款或报酬　　D. 数量和质量

10. 某施工合同采用保证担保，下列选项中，可以作为合同保证人的是（　　）。

A. 第三人民医院

B. 西安市消费者协会

C. 通达路桥股份有限公司

D. 未经法人书面授权的企业法人的分支机构

11. 下列关于不可抗力的说法中，正确的是（　　）。

A. 施工期间下雨属于不可抗力

B. 由于不可抗力发生，承包人可以要求全部免责

C. 在迟延履行期间所发生的不可抗力而造成的合同不能履行，不能免除责任

D. 由于不可抗力的原因导致承包人不能按约定的工期交工，承包人不属于违约

12. 某合同在履行过程中发现，合同中没有约定给付货币地点，事后双方当事人又未能达成补充协议，也无法按照合同有关条款或者交易习惯确定，依据《中华人民共和国合同法》的规定，应在（　　）履行。

A. 货币存放地　　B. 支付货币一方所在地

C. 货币使用地　　D. 接受货币一方所在地

13. 某合同约定了违约金，当事人一方迟延履行合同的，根据合同法的有关规定，违约方应支付违约金并（　　）。

A. 终止合同履行　　B. 赔偿损失

C. 继续履行债务　　D. 中止合同履行

14. 某合同在履行过程中发生了合同争议，在双方未达成仲裁协议的情况下，一方向仲裁机构申请仲裁，另一方向人民法院起诉，则该争议案件应由（　　）受理。

A. 人民法院

B. 先收到诉请文件的仲裁机构或人民法院

C. 仲裁机构

D. 当事人协商选择仲裁机构或人民法院

15. 《公路工程标准施工招标文件》（2009 年版）合同条款规定，承包人编制的危险性较大工程的专项施工方案，经（　　）后实施。

A. 监理人批准

B. 监理人签字并报发包人批准

C. 监理人签字并报主管部门批准

D. 承包人项目总工签字并报监理人和发包人批准

16. 下列有关招标代理的表述中，正确的是（　　）。

A. 招标人有权自行选择招标代理机构，委托其办理招标事宜

B. 招标人不得自行选择招标代理机构，必须由有关行政主管部门指定

C. 如果委托了招标代理机构，则招标代理机构有权办理招标工作的一切事宜

D. 招标代理机构是专门从事招标代理业务的事业单位

17. 某公路施工项目的招标人通过公开招标与承包人签订了施工合同。在合同履行期间招标人发现该承包人在投标时提供了虚假资料，则招标人有权（　　）。

A. 立即解除合同，并没收其履约保证金

B. 取消其中标资格，并没收其投标担保

C. 对承包人的投标文件作废标处理，并没收其投标担保

D. 从工程支付款或履约保证金中扣除不超过10%签约合同价的金额作为违约金

18. 根据《公路工程标准施工招标文件》（2009年版）合同条款的规定，建筑工程一切险的保险金额为（　　）。

A. 合同永久工程的价值

B. 完成合同永久工程所需材料、工程设备的价值

C. 完成合同永久工程所需的临时工程和设施的价值

D. 工程量清单第100章（不含建筑工程一切险及第三者责任险的保险费）至700章的合计金额。

19. 《公路工程标准施工招标文件》（2009年版）合同条款规定，在缺陷责任期内，对于工程中存在的缺陷或损坏，监理人和承包人应共同查清缺陷和（或）损坏的原因。经查验属发包人原因造成的，则发包人（　　）。

A. 应承担修复和查验的费用，但不应支付利润

B. 应承担修复和查验的费用，并支付合理利润

C. 不应承担修复和查验的费用，但应支付利润

D. 不应承担修复和查验的费用，也不应支付利润

20. 按照《公路工程标准施工招标文件》（2009年版）的规定，当承包人履行了缺陷责任后，质量保证金退回的办法是（　　）。

A. 在签发交工验收证书后立即全部退回

B. 在签发交工验收证书后退还一半，签发缺陷责任期终止证书后退还另外一半

C. 随进度付款证书的签发，逐月按比例退回

D. 在签发缺陷责任期终止证书后一次性退回

二、多项选择题

1. 委托代理人必须满足以下（　　）条件后，才可以代表被代理人与第三人签订合同。

A. 必须是法人单位的职工

B. 必须具有法人资格

C. 必须事先取得委托证明

D. 必须在授权的范围内设立权利和义务

E. 必须以被代理人的名义设定权利和义务

2. 合同法律关系的构成要素是（　　）。

A. 主体

B. 事件

C. 客体

D. 内容

E. 行为

3. 在合同应具备的下列条款中，（　　）属于合同法律关系三个构成要素中“内容”的范畴。

A. 标的

B. 数量

C. 违约责任

D. 解决争议的方法

E. 履行期限

4. 合同内容可以由当事人通过协商拟定，也可以由一方当事人预先拟定，为此合同可划分为（　　）。

A. 效力确定合同

B. 效力待定合同

C. 格式合同

D. 非格式合同

E. 可撤销合同

5. 公路工程施工合同在履行过程中，建设单位没有按照合同的约定支付工程款，则（　　）。

A. 建设单位要承担缔约过失责任

B. 建设单位要承担违约责任

C. 建设单位要向施工单位支付因此而产生的利息

D. 如果合同中约定了施工单位先履约，则此时施工单位可以行使不安抗辩权

E. 如果建设单位有过错，就要承担缔约过失责任；如果建设单位无过错，就要承担违约责任

6. 下列关于招标投标行为法律特征的描述中，正确的有（　　）。

A. 施工招标的行为属于要约

B. 招标人发出中标通知书的行为属于承诺

C. 承包人递交投标文件的行为属于要约

D. 施工投标的行为属于承诺

E. 发布招标公告属于要约邀请

7. 下列有关合同成立的表述中，正确的有（　　）。

A. 承诺生效时合同成立。承诺生效的地点为合同成立的地点

B. 当事人采用合同书形式订立合同的，自双方当事人签字或盖章时合同成立

C. 采用合同书形式订立合同的，在签字或者盖章之前，当事人一方已经履行了主要义务，此时，无论对方是否接受，该合同成立

D. 法律、行政法规规定或者当事人约定采用书面形式订立合同，当事人未采用书面形式但一方已经履行主要义务，对方接受的，该合同成立

E. 当事人采用信件、数据电文等形式订立合同的，可以在合同成立之前要求签订确认书。签订确认书时合同成立。

8. 下列合同条款中，不属于合同法律关系三要素中的内容的是（　　）。

A. 当事人的名称或者姓名和住所　　B. 价款或者酬金

C. 违约责任　　D. 解决争议的方法

E. 履行期限、地点和方式

9. 下列合同担保方式中，不是由主合同双方当事人之外的第三人作为担保人的担保方式有（　　）。

A. 保证　　B. 抵押

C. 质押　　D. 留置

E. 定金

10. 依法必须进行招标的公路工程项目，其施工招标应当具备的条件包括（　　）。

A. 初步设计文件已被批准

B. 建设资金已经落实

C. 项目法人已经确定，并符合项目法人资格标准要求

D. 已选择了监理单位

E. 建设用地已经移交

11. 合同纠纷处理的原则包括（　　）。

A. 严格执法原则　　B. 协商为主原则

C. 公平合理原则　　D. 调解优先原则

E. 合法自愿原则

12. 合同生效后，当事人对合同价款约定不明确的，可以按照（　　）等方法确定的价格履行。

A. 协议补充

B. 按照合同的有关条款

C. 按照交易习惯

D. 按照订立合同时履行地的市场价格

E. 按照订立合同时订立地的市场价格

13. 根据《合同法》规定，在合同履行的过程中，违约的当事人应当承担的违约责任的形式包括（　　）。

A. 继续履行　　B. 支付违约金

C. 赔偿损失　　D. 采取补救措施

E. 解除合同

14. 在合同履行过程中，一方当事人违约给对方造成损失，违约方应承担赔偿损失的责任。当事人承担赔偿损失的条件包括（　　）。

A. 有违约行为发生

B. 有损失后果

C. 违约方有过错

D. 在合理期限内承担责任

E. 违约行为与损失后果之间有因果关系

15. 投标人有以下（　　）行为时，招标人可以没收其投标保证金。

A. 通过资格预审后不投标

B. 不参加招标人组织的现场考察

C. 不参加公开开标

D. 开标后要求撤回投标文件

E. 收到中标通知书后，无任何正当理由拒绝签订合同

16. 按照《公路工程标准施工招标文件》(2009 年版）合同条款的规定，在履行合同中发生以下情形时，监理人有权发出变更指示的有（　　）。

A. 改变合同工程的基线、高程、位置或尺寸

B. 改变合同工程的造价或使用功能

C. 为完成工程需要追加的额外工作

D. 改变合同中任何一项工作的施工时间

E. 删减部分承包人工作内容交给他人完成

17. 根据《公路工程标准施工招标文件》(2009 年版）合同条款规定，下列造成工期延误的原因中，承包人有权要求发包人支付合理利润的是（　　）。

A. 由于变更增加合同工作内容

B. 发包人延迟提供材料或变更交货地点

C. 提供的测量基准资料错误

D. 施工场地发掘出文物、古迹导致的停工

E. 因发包人原因导致的暂停施工

18. 下列关于计日工的说法中，正确的是（　　）。

A. 计日工可以调价

B. 计日工是对零星工作采取的一种计价方式

C. 采用计日工计价的任何一项变更工作，应从暂列金额中支付

D. 未经监理人书面指令，任何工程不得按计日工施工

E. 计日工的价款按列入已标价工程量清单中的计日工计价子目及其单价进行计算

19. 承包人的工程延期申请能够成立并获得监理工程师批准应具备的条件包括（　　）。

A. 延期事件确实发生，且已造成了工期延误

B. 延期申请的提出符合合同规定

C. 延期事件发生在施工进度网络计划的关键线路上

D. 延期天数的计算合理，证据资料真实充足

E. 承包人已向主管部门提交了延期申请的副本

20. 监理工程师对承包人提交的费用索赔报告的审核主要包括（ ）两个方面。

A. 判定索赔事件是否成立

B. 审核索赔事件发生的过程

C. 审核索赔的依据是否充分

D. 核查承包人的索赔额计算是否正确

E. 审核索赔的证据资料是否真实、充足

三、判断题

1. 代理人在被代理人的授权范围内应独立地作出意思表示。（ ）

2. 合同法律关系是由主体、客体、标的物三个要素构成的。（ ）

3. 任何合同在履行过程中当事人都享有抗辩权。（ ）

4. 施工招标属于要约，投标属于承诺。（ ）

5. 凡是违反法律法规强制性规定的合同，应当由当事人判定该合同为无效合同。（ ）

6. 合同签订后必须经公证或鉴证才能生效，否则无效。（ ）

7. 招标人尽管给某投标人颁发了中标通知书，但由于没有签署正式协议书，仍然可以随时撤回中标通知书。（ ）

8. 承包人投标的单价和总额价应已包括了合同中规定的承包人的全部义务以及为实施和完成本合同工程及其缺陷修复所必需的一切工作和条件。（ ）

9. 监理人员对承包人的任何工作、工程或其采用的材料和工程设备未在约定的或合理的期限内提出否定意见的，视为已获批准。（ ）

10. 承包人违反合同规定，私自将合同的全部或部分权利转让给其他人，或私自将合同的全部或部分义务转移给其他人的，发包人可通知承包人立即解除合同。（ ）

四、综合分析题

1. 某公路工程项目，建设单位通过招标选择了一家具有相应资质的监理单位承担施工招标代理和施工监理工作，并在监理中标通知书发出后第45d，与该监理单位签订了委托监理合同。之后双方又另行签订了一份监理酬金比监理中标价降低10%的协议。

施工期间由于雷电引发了一场火灾。火灾结束后，施工单位立即向项目监理机构通报了火灾损失情况：工程本身损失150万元；总价值100万元的待安装设备彻底报废；施工的人员烧伤所需医疗费及补偿费预计15万元，租赁的施工设备损坏赔偿10万元；其他单位临时

停放在现场的一辆价值25万元的汽车被烧毁。另外，大火扑灭后施工单位停工5d，造成其他施工机械闲置损失2万元及必要的管理保卫人员费用支出1万元，并预计工程所需清理、修复费用200万元。上述各项损失情况经项目监理机构审核属实。

根据上述背景材料，回答下列问题：

（1）指出建设单位在监理招标和委托监理合同签订过程中的不妥之处，并说明理由。

（2）施工期间发生的这场火灾是否属于不可抗力？指出建设单位和施工单位应各自承担哪些损失或费用（不考虑保险因素）？

2. 某高速公路施工合同的主要工程内容为：路基工程、桥梁工程和隧道工程。其中，路基工程中的土石方开挖，地质条件良好，有高边坡处理，需爆破施工；桥梁工程为钻孔灌注桩基础、柱式墩，上部为预应力混凝土简支T梁；隧道工程中局部地段有不良地质现象。该施工合同承包人的中标价为2亿元，其中安全生产费用为180万元，在其施工组织机构设置中，安排了3名专职安全生产管理人员。

试根据上述背景资料，回答以下问题：

（1）该承包人中标价中计列的安全生产费用是否满足规定要求，为什么？

（2）该承包人安排的专职安全生产管理人员是否满足规定要求，为什么？

（3）该项目中，应当编制专项施工方案的工程有哪些？

模拟试卷三

一、单项选择题

1. 下列备选项中，属于公路工程施工监理合同法律关系客体的是（　　）。

A. 智力成果　　B. 行为

C. 公路工程　　D. 监理工程师

2. 下列合同中，属于从合同的是（　　）。

A. 设计合同　　B. 施工合同

C. 担保合同　　D. 监理合同

3. 某建筑公司总经理由于临时去外地出差，不能亲自参加施工合同的签字，于是他在上火车前给公司经营部经理张某打了个电话，委托张某去签字，则下列说法正确的是（　　）

A. 这种代理属于委托代理，签字无效

B. 这种代理属于法定代理，签字有效

C. 这种代理属于指定代理，签字无效

D. 这种代理属于委托代理，签字有效

4. 《合同法》中规定的抗辩权是指在履行合同过程中，合同一方当事人有违约行为时，另一方当事人有权（　　）。

A. 撤回合同　　B. 撤销合同

C. 解除合同　　D. 中止履行义务

5. 《合同法》规定，债权人在行使合同保全措施中的撤销权时，该撤销权自债权人知道或者应当知道撤销事由之日起（　　）年内行使。

A. 1　　B. 2

C. 3　　D. 4

6. 下列文件中，属于要约文件的是（　　）。

A. 投标文件　　B. 中标通知书

C. 招标公告　　D. 现场踏勘答疑会议纪要

7. 下列情形中，不能导致合同终止的是（　　）。

A. 合同解除　　B. 债权人免除债务

C. 债务已按约定履行　　D. 债权人行使抗辩权

8. 按照有关法律规定，无效合同从（　　）起就没有法律效力。

A. 订立之时　　B. 被确认为无效合同之时

C. 返还财产之时　　D. 追缴财产

9. 下列关于合同无效或被撤销的表述中，不正确的是（　　）。

A. 合同无效或被撤销后，不影响合同中有关解决争议方法条款效力

B. 合同无效或被撤销后，尚未履行的，不得履行

C. 合同无效或被撤销后，履行中的合同应当中止履行

D. 当事人依据无效合同或被撤销的合同取得的财产应当返还或折价补偿

10. 承包人和材料供应商签订的某材料采购合同中约定如果一方违约，则支付合同价款的8%作为违约金。同时，该合同还约定了承包人向材料供应商缴纳500元作为定金。合同生效后，材料供应商没能按照合同的约定及时提供材料，如果该批材料价值1万元，在保证承包人最大获利的前提下，材料供应商因其违约应该支付给承包人的金额是（　　）元。

A. 800　　B. 1 000

C. 1 800　　D. 500

11. 监理人收到承包人提交的索赔通知书后，应及时审查索赔通知书的内容、查验承包人的记录和证明材料，必要时监理人可要求承包人提交全部原始记录副本。监理人应按合同条款商定或确定追加的付款和（或）延长的工期，并在收到上述索赔通知书或有关索赔的进一步证明材料后的（　　）d内，将索赔处理结果报发包人批准后答复承包人。

A. 21　　B. 28

C. 35　　D. 42

12. 合同当事人一方违约后，对方应当采取适当措施防止损失的扩大。当事人因防止损失扩大而支出的合理费用，应当由（　　）。

A. 当事人合理分担　　B. 违约方承担

C. 守约方承担　　D. 当事人协商分担

13. 根据《合同法》的规定，执行政府指导价的合同，当事人一方逾期交付标的物的，则（　　）。

A. 无论价格升降，均按新价格执行

B. 遇价格上涨时，按照新价格执行

C. 无论价格升降，均按原价格执行

D. 遇价格上涨时，按照原价格执行

14. 合同条款约定："发生合同纠纷时，向仲裁委员会申请仲裁"。合同履行过程中，当事人双方对发生的争议经协商未达成一致，则（　　）。

A. 必须请第三方调解后才能申请仲裁

B. 可以不进行调解而直接申请仲裁

C. 可以直接向法院起诉

D. 可以在仲裁或起诉两者之间择其一

15. 在现场考察时招标单位向投标单位介绍工程场地和周边环境情况，投标单位由此得出的推论（　　）。

A. 由业主负责　　B. 由承包人负责

C. 由设计单位负责　　D. 由业主与承包人各负责一半

16. 依法必须进行招标的项目，其评标委员会由（　　）和有关技术、经济等方面的专家组成。

A. 招标人　　B. 招标人和投标人

C. 公证机构　　D. 行政主管部门

17. 中标人确定后，招标人应当向中标人发出中标通知书。中标通知书对（　　）具有法律约束力。

A. 投标人　　B. 招标人

C. 所有投标人　　D. 中标人和招标人

18. 根据《建设工程监理与相关服务收费管理规定》（发改价格［2007］670 号），计算施工阶段监理服务收费基准价时，对收费基价进行调整的系数有（　　）。

A. 专业调整系数　　B. 工程规模调整系数

C. 工程复杂程度调整系数　　D. 监理机构模式调整系数

E. 高程调整系数

19. 位于关键线路上的基础开挖工作，施工中遇到了不可预见的不利的地下障碍，承包人及时采取了合理措施继续施工，并将此情况通知了监理人。监理人没有发出任何指示，此时承包人可以合理地要求包括（　　）等方面的补偿要求。

A. 工期　　B. 工期和费用

C. 费用　　D. 费用和利润

20. 《公路工程标准施工招标文件》合同条款规定，公路工程自（　　）的日期起，即进入保修期，保修期一般为 5 年。

A. 发包人签发最终结清证书

B. 实际交工

C. 发包人签发交工验收证书

D. 退还剩余的质量保证金

二、多项选择题

1. 合同纠纷处理的方式包括（　　）。

A. 调解　　B. 仲裁

C. 行政复议　　D. 诉讼

E. 和解

2. 根据《合同法》的规定，承担违约责任的条件包括（　　）。

A. 合同有效成立

B. 有不履行合同的行为

C. 行为人本身有过错

D. 当事人协商一致

E. 在合理期限内提供证明

3. 按照《合同法》的规定，以下各备选项中，属于施工合同内容的有（　　）。

A. 工程范围与建设工期

B. 工程质量与工程造价

C. 材料和设备供应责任

D. 中间交工工程的开工和竣工时间

E. 质量保修范围和质量保证期

4. 按照有关规定，公开开标时根据不同情况，可由（　　）检查投标文件的密封情况。

A. 招标人

B. 投标人

C. 监标人

D. 招标人委托的公证机构

E. 投标人推举的代表

5. 邀请招标与公开招标在招标程序上的主要区别有（　　）。

A. 邀请招标不需要发布招标公告

B. 邀请招标不需要对投标人进行资格审查

C. 邀请招标不需要设置资格预审环节

D. 邀请招标不需要设置公开开标环节

E. 邀请招标由招标代理机构评标

6. 下列关于合同公证与鉴证不同点的表述中，正确的有（　　）。

A. 目的不同

B. 性质不同

C. 法律依据不同

D. 效力不同

E. 效力的适用范围不同

7. 根据有关规定，招标代理机构应当具备的条件包括（　　）。

A. 必须是法人组织

B. 不得与行政机关有隶属关系

C. 有从事招标代理业务的营业场所

D. 有编制招标文件的能力

E. 有自己的评标专家库

8. 《公路工程标准施工招标文件》（2009 年版）投标人须知规定，履约担保的形式主要有（　　）。

A. 担保公司的担保书

B. 银行保函

C. 银行汇票

D. 保险公司的担保书

E. 银行保函 + 现金

9. 下列备选项中，属于评标委员会责任的有（　　）。

A. 确定中标人

B. 提交评标报告

C. 主持开标

D. 对投标文件进行初步评审

E. 对投标文件进行详细评审

10. 《公路工程标准施工招标文件》（2009年版）合同条款规定的（ ）的保险费均由承包人报价时填入工程量清单的100章内，作为单独支付的子目，在支付时将凭单据按实支付。

A. 建筑工程一切险　　B. 人身意外伤害险

C. 第三者责任险　　D. 施工装备险

E. 道路运输险

11. 根据《公路工程标准施工招标文件》（2009年版）合同条款规定，因发包人原因造成工程质量达不到合同约定验收标准的，由于承包人返工致使某关键工作发生延误，承包人有权要求发包人（ ）。

A. 承担返工造成的增加费用　　B. 延长工期

C. 支付违约金　　D. 支付合理利润

E. 调整签约合同价

12. 按照《公路工程标准施工招标文件》（2009年版）合同条款的规定，在公路工程施工过程中，对由于不可抗力的发生而造成的下列损失或损害，应由承包人承担的有（ ）。

A. 永久工程的损害　　B. 承包人设备的损坏

C. 清理、修复工程的金额　　D. 承包人的停工损失

E. 已运至施工场地的材料和工程设备的损害

13. 《公路工程标准施工招标文件》（2009年版）合同条款规定，公路工程项目严格执行质量责任追究制度。质量事故处理实行"四不放过"原则。所谓"四不放过"是指（ ）。

A. 事故原因调查不清不放过

B. 事故责任者没有受到教育不放过

C. 没有防范措施不放过

D. 相关责任人没受到处理不放过

E. 事故未经处理不放过

14. 在监理人要求承包人进行的下列检验中，应由发包人承担费用的情况包括（ ）。

A. 进行合同内规定的检验，且检验证明合格

B. 进行合同内未明确写明的检验，且检验证明合格

C. 进行合同内写明但承包人在投标文件中未标价的检验，且检验证明合格

D. 对已按程序完成的永久工程重新进行穿孔检验，且检验证明合格

E. 进行合同内未明确写明的检验，且检验证明不合格

15. 根据《公路工程标准施工招标文件》（2009年版）合同条款规定，向承包人支付开工预付款的条件包括（ ）。

A. 承包人已和发包人签订了合同协议书

B. 承包人已提交了履约保函

C. 承包人已提交了开工预付款保函

D. 监理人已发出了开工通知

E. 承包人已提交了开工预付款使用计划

16. 下列关于工程量清单的说法中，正确的是（　　）。

A. 工程量清单中的单价子目工程量为估算工程量

B. 除按照合同条款约定的变更外，工程量清单中的总价子目的工程量是承包人用于结算的最终工程量

C. 工程量清单中所列工程量的变动，丝毫不会降低或影响合同条款的效力

D. 当图纸与工程量清单所列工程数量不一致时，以图纸所列数量作为报价的依据

E. 承包人必须按监理人指令完成工程量清单中未填入单价或总额价的工程子目，但不能得到结算与支付

17. 根据有关规定，对影响安全的重要工序和危险性较大的工程，承包人应编制专项施工方案。下列各项工程中应编制专项施工方案的有（　　）。

A. 爆破工程　　B. 沥青路面工程

C. 桩基础、深水基础及围堰工程　　D. 滑坡和高边坡处理

E. 桥梁工程中的梁、拱、柱等构件施工

18. 按照《公路工程标准施工招标文件》（2009 年版）合同条款的规定，针对在施工合同履行过程中发包人发生的各种违约行为，承包人应采取的对策可能包括（　　）。

A. 暂停施工　　B. 书面通知发包人解除合同

C. 向发包人提出索赔要求　　D. 要求发包人支付违约金

E. 书面通知发包人纠正违约行为

19. 监理工程师审查承包人费用索赔成立必须具备的条件有（　　）。

A. 非关键线路上的项目受到恶劣天气的影响

B. 费用增加或工期延误属非承包人原因

C. 在规定的时间内提出索赔

D. 事件原因属于分包人造成的损害

E. 与合同相比已造成额外费用的增加或工期延误

20. 某公路工程施工监理机构设置为二级监理机构，下列各项工作中，属于总监理工程师办公室职责的是（　　）。

A. 审批承包人提交的施工组织设计

B. 签发中期支付证书

C. 审批承包人提交的总体进度计划

D. 核算承包人对工程量清单的复核结果

E. 按有关规定对已完分部工程、单位工程及合同工程进行质量评定

三、判断题

1. 合同法律关系的内容就是合同的内容。（　）

2. 当要约人在所发出的要约中确定了承诺期限，则该要约不得撤销。（　）

3. 合同终止即意味着合同中的所有条款都失去效力。（　）

4. 一方以欺诈、胁迫的手段订立的合同属于无效合同。（　）

5. 在合同履行过程中，无论什么原因，只要当事人不能履行合同或者履行合同不符合约定时都应承担违约责任。（　）

6. 按照招标文件规定对投标报价进行修正后，若修正后的最终投标报价小于开标时的投标函文字报价，则签约合同价以开标时的投标函文字报价为准。（　）

7. 承包人只能从总监理工程师或总监理工程师授权的监理人员处取得指示。（　）

8. 由于发包人原因引起的暂停施工造成某关键工作发生延误。对此，承包人有权要求发包人延长工期和增加费用，但无权要求支付合理利润。（　）

9. 合同工程量清单中某子目实际完成的工程量超过了该子目清单工程量，这种工程数量的增加就属于变更。（　）

10. 监理服务是指监理人根据监理合同所承担的工作，包括施工准备阶段、施工阶段、交工验收与缺陷责任期阶段的监理服务。（　）

四、综合分析题

1. 某公路项目的建设单位根据有关规定采用公开招标方式对该项目进行施工招标。该项目法人已经依法组建，初步设计文件已经被批准，但项目建设资金还未落实。招标人委托招标代理人编制了两个标底，分别用于本地和外地投标人投标评定。业主对投标人就招标文件所提问题均统一进行了书面澄清，并组织了现场考察。在投标截止日期前10d，业主通知所有投标人，告知由于某种原因决定把某项工程从招标范围内删除。

试根据上述背景材料，回答以下问题：

（1）公路施工招标应具备哪些条件？

（2）该项目招标过程中存在哪些不妥之处，并说明理由。

2. 某公路工程的建设单位通过公开招标的方式与施工单位签订了施工合同。该施工合同采用《公路工程标准施工招标文件》（2009年版）合同条款。在施工过程中，发包人认为该工程涵洞数量太少，无法满足排水需要，于是提出增加三座涵洞，所增加的涵洞在已标价工程量清单中有相同的子目。监理人在经发包人同意后向承包人发出变更意向通知书。承包人收到变更意向书后认可该变更可行，在合同规定的时间内向监理人提交了变更报价书。监理人收到承包人变更报价书后，在与合同当事人协商后确定了变更工作的单价。最后监理人向承包人发出变更指示，要求承包人实施该变更。

根据上述背景材料，回答以下问题：

（1）试说明合同条款规定的变更范围和内容。

（2）试说明合同条款规定的变更估价原则。

（3）试说明变更指示应包含的主要内容。

（4）试说明增加三座涵洞是否构成变更，并说明理由。如何确定所增加涵洞的价格？

第四部分　模拟试卷参考答案与解析

模拟试卷一

一、单项选择题

1. **答案：**A

解析：合同是平等主体的自然人、法人、其他组织之间设立、变更、终止民事权利义务关系的协议。合同是一种法律手段，订立合同是一种法律行为，合同关系是一种民事法律关系。

2. **答案：**D

解析：发包人委托授权监理单位对承包人实施监理。因此，可以视为发包人与监理单位之间是被代理与代理的关系，发包人是被代理人，监理单位是代理人。代理人的代理行为所产生的后果应由被代理人承担。

监理人是代表建设单位对施工单位的施工实施监督管理，而且施工单位只和建设单位签订合同，与监理单位没有合同关系。因此，监理人的工作失误给施工单位造成的损失，施工单位应当要求建设单位赔偿损失。

3. **答案：**B

解析：代理人未经被代理人授权、超越代理权限或者代理权限终止后所进行的代理称之为无权代理。

对于无权代理行为，被代理人认为该代理行为虽非自己委托，但其结果却符合自己的意愿和利益时，可以行使追认权。无权代理一经追认，即转为有效代理；反之，当被代理人认为无权代理行为违背了自己的意志和利益时，可以行使拒绝权。被代理人一旦作出否认表示的，则该代理为无效代理，即该代理行为对于被代理人没有任何法律效力。

4. **答案：**B

解析：当事人订立合同，有书面形式、口头形式和其他形式。

（1）口头形式是指当事人用谈话的方式订立的合同，如当面交谈、电话联系等。

（2）书面形式是指合同书、信件和数据电文（包括电报、传真、电子数据交换和电子邮件）等可以有形地表现所载内容的形式。

（3）其他形式是指除书面形式、口头形式以外的其他方式来表现合同内容的形式，主要包括默示形式和推定形式。

《合同法》第270条规定，建设工程合同应当采用书面形式。

5. **答案：**C

解析：不安抗辩权，是指在双务合同中约定了履行合同的先后顺序，应当先履行债务的一方当事人发现后履行债务的另一方当事人有财产状况恶化等情形，可能危及其债权时，在后履行债务的一方当事人未履行其债务或者提供担保前，先履行债务的一方当事人有权拒绝先履行自己债务的权利。

《合同法》第68条规定：应当先履行债务的当事人，有确切证据证明对方有以下列情形之一的，可以暂时停止（中止）合同的履行：①经营状况严重恶化；②转移财产、抽逃资金，以逃避债务；③丧失商业信誉；④有丧失或者可能丧失履行债务能力的其他情形。

6. **答案**：B

解析：订立合同的过程是当事人就合同内容采用要约和承诺方式进行协商的过程。换句话说，合同的订立需要经过要约和承诺两个阶段，这被称为合同订立的程序。

7. **答案**：C

解析：承诺应以通知方式作出，但根据交通习惯或者要约的要求也可以行为的方式作出。以通知方式作出的，承诺通知到达要约人时生效。

8. **答案**：C

解析：《合同法》规定：①采用合同书形式订立合同的，合同自双方当事人签字或者盖章时成立。双方当事人签字或者盖章的时间和地点即为合同成立的时间和地点。②采用合同书形式订立合同，在签字或盖章之前，当事人一方已经履行主要义务，对方接受的，合同成立。对方接受履行的时间和地点为合同成立的时间和地点。

9. **答案**：A

解析：由于可撤销的合同只是涉及当事人意思表示不真实的问题，因此法律对撤销权的行使有一定的限制。

《合同法》第55条规定，有下列情形之一的，撤销权消灭：

（1）具有撤销权的当事人自知道或者应当知道撤销事由之日起1年内没有行使撤销权。

（2）具有撤销权的当事人知道撤销事由后明确表示或者以自己的行为放弃撤销权。

10. **答案**：B

解析：主合同与从合同的关系是，主合同不仅影响从合同的存在，而且影响从合同的履行；而从合同并不影响主合同的存在，但它却影响主合同的履行。有没有从合同，主合同的履行情况和履行质量是不一样的，主合同与从合同并存可产生互补作用。

因此，作为从合同的定金合同，它是不能独立存在并发生效力的。如主合同无效，定金合同必无效。

11. **答案**：C

解析：缔约过失责任发生于合同不成立或者合同无效的缔约过程中。缔约过失责任的表现形式是赔偿损失。

《合同法》第42条规定，当事人在订立合同过程中有下列情况之一，给对方造成损失的，应当承担缔约过失责任（即损害赔偿责任）：

（1）假借订立合同，恶意进行磋商。

（2）故意隐瞒与订立合同有关的重要事实或者提供虚假情况。

（3）有其他违背诚实信用原则的行为。

12. **答案**：D

解析：合同法规定，当符合下列条件之一时，当事人一方可以解除合同：

（1）因不可抗力致使不能实现合同目的。

（2）在履行期限届满之前，当事人一方明确表示或者以自己的行为表明不履行主要债务的。

（3）当事人一方迟延履行主要债务，经催告后在合理期限内仍未履行的。

（4）当事人一方迟延履行债务或者有其他违约行为致使不能实现合同目的。

13. **答案**：D

解析：根据合同法规定，合同当事人承担违约责任的方式包括：继续履行，采取补救措施，赔偿损失，支付违约金，定金罚则。

14. **答案**：B

解析：公路工程施工专用合同条款第 17. 1. 4（7）目规定，承包人未在已标价工程量清单中填入单价或总额价的工程子目，将被认为其已包含在本合同的其他子目的单价和总额价中，发包人将不另行支付。

15. **答案**：B

解析：公平原则就是反对歧视和特权，要求招标人给予所有投标人平等的机会，使其享有同等的权利，履行同等的义务。招标人不得以不合理的条件限制或排斥潜在投标人，不得对潜在投标人实行歧视待遇。

16. **答案**：B

解析：公路工程施工公开招标程序如下：①确定招标方式；②编制投标资格预审文件和招标文件；③发布招标公告，发售投标资格预审文件；④对潜在投标人进行资格审查；⑤向资格预审合格的潜在投标人发出投标邀请书和发售招标文件；⑥组织潜在投标人考察招标项目工程现场，召开标前会；⑦接受投标人的投标文件，公开开标；⑧组建评标委员会评标，推荐中标候选人；⑨确定中标人。⑩发出中标通知书；⑪招标人与中标人订立公路工程施工合同。

17. **答案**：A

解析：《公路工程标准施工招标文件》（2009 年版）第三章评标办法规定，公路工程施工招标的评标方法主要有以下三种：

（1）合理低价法。除技术特别复杂的特大桥和长大隧道工程外，公路工程施工招标评标，一般应当使用合理低价法。

（2）经评审的最低投标价法（或最低评标价法）。使用世界银行、亚洲开发银行等国际金融组织贷款的项目和工程规模较小、技术含量较低的工程，可使用最低评标价法。

（3）综合评估法。综合评估法仅适用于技术特别复杂的特大桥梁和长大隧道工程。

应注意的是，本题备选项 D 固定标价评分法是施工监理评标方法之一。

18. **答案**：A

解析：《公路工程标准施工招标文件》投标人须知第 7. 3. 1 条规定，在签订合同前，中标人应按投标人须知前附表规定的金额、担保形式和招标文件第四章“合同条款及格式”

规定的履约担保格式向招标人提交履约担保。联合体中标的，其履约担保由牵头人递交，并应符合投标人须知前附表规定的金额、担保形式和招标文件第四章“合同条款及格式”规定的履约担保格式要求。

19. **答案**：D

解析：《公路工程标准施工招标文件》（2009 年版）通用合同条款第 4.1.9 条规定：

（1）交工验收证书颁发前，承包人应负责照管和维护工程及将用于或安装在本工程中的材料、设备。交工验收证书颁发时尚有部分未交工工程的，承包人还应负责该未交工工程、材料、设备的照管和维护工作，直至交工后移交给发包人为止。

（2）在承包人负责照管与维护期间，如果本工程或材料、设备等发生损失或损害，除不可抗力原因之外，承包人均应自费弥补，并达到合同要求。

20. **答案**：B

解析：正常降雨天气是一个有经验的承包人能事先预见和防范的，该风险责任应由承包人承担。因此，《公路工程标准施工招标文件》（2009 年版）专用合同条款第 12.1（5）项规定，现场气候条件（异常恶劣的气候条件除外）导致的必要停工，增加的费用和（或）工期延误由承包人承担。

二、多项选择题

1. **答案**：ACDE

解析：合同与法律的关系主要表现在以下几方面：①合同是一种法律手段，订立合同是一种法律行为；②合同订立必须以法律为前提，合同必须服从法律；③合同只有依法成立时，才具有法律约束力；④合同当事人之间的关系实际上是一种法律关系。

2. **答案**：ABC

解析：代理的基本法律特征包括：①代理人必须在代理权限范围内实施代理行为；②代理人以被代理人的名义实施代理行为；③代理人在被代理人的授权范围内独立地表现自己的意志；换言之，代理人在代理权限范围内，根据当时当地的实际情况，独立地决定法律行为的内容和方式，以自己的意志去积极地实现被代理人的利益和愿望进行代理行为。它具体表现为代理人有权自行解决他如何向第三人作出意思表示，或者是否接受第三人的意思表示，而无须与被代理人协商；④代理是一种法律行为，被代理人对代理人的代理行为承担民事责任。需特别注意的是被代理人只对代理行为承担民事责任，而不是对代理人的所有行为负责。

3. **答案**：ACE

解析：根据依代理权产生的依据不同，代理可分为委托代理、法定代理、指定代理三类。

①委托代理。委托代理是基于被代理人对代理人的直接委托授权而产生代理权的代理行为；②法定代理。法定代理是指根据法律的规定而产生代理权的代理行为；③指定代理。指

定代理是指根据人民法院或者有关行政主管机关的指定而产生代理权的代理行为。

4. **答案：**ACDE

解析：根据《民法通则》的规定，法人应当具备的条件有四个：①依法成立；②有必要的财产或者经费；③有自己的名称、组织机构和场所；④能够独立承担民事责任。

本题考核点为法人应具备的条件，而非法人设立的程序。难点有两个，一是B项，二是D项。B项为法人的设立程序要求的条件，法人依其性质和宗旨的不同设立程序不同，并不是所有法人必须经过核准登记才成立，故B不符合题意。另外，D项“有自己的组织机构”与法人条件③“有自己的名称、组织机构和场所”不完全相同，似乎也不符合题意，但由于法人条件③中的名称、组织机构和场所是三个彼此独立的要求，具有可分割性，而题目中是要求选择应具备的条件“包括（　　）等”故D亦符合题意。因此，备选项A、C、D、E均符合题意要求，故为正确答案。

5. **答案：**ACD

解析：合同履行中的抗辩权是指在双务合同的履行过程中，在满足一定法定条件时，合同当事人一方可以对抗对方当事人的履行要求，暂时拒绝履行合同约定的义务的权利。

根据合同当事人双方履行债务的顺序，履行抗辩权可分为：同时履行抗辩权，先履行抗辩权和不安抗辩权。

6. **答案：**ABDE

解析：《合同法》第20条规定，有下列情形之一的，要约失效：①拒绝要约的通知到达要约人；②要约人依法撤销要约；③承诺期限届满，受要约人未做出承诺；④受要约人对要约的内容做出实质性变更。

当然对自然人而言，要约人死亡，要约自然而然失效。

7. **答案：**ABC

解析：合同中有关解决争议方法的条款、结算条款和清理条款等是相对独立存在的条款。这些条款并不因合同的无效、被撤销或者终止而丧失效力。

因此，《合同法》第57条规定，合同无效、被撤销或者终止的，不影响合同中独立存在的有关解决争议方法的条款效力。

《合同法》第98条规定，合同的权利义务终止，不影响合同中清理条款和结算条款的效力。

8. **答案：**ABCE

解析：《合同法》第12条规定，合同的内容由当事人约定，一般包括以下条款：①当事人的名称或者姓名和住所；②标的；③数量；④质量；⑤价款或者酬金；⑥履行期限、地点和方式；⑦违约责任；⑧解决争议的方法。

应当指出的是，上述内容是一般合同必须具备的条款。不同类型的合同按需要还可以增加其他内容。

9. **答案：**BCD

解析：需要注意无效合同与可撤销合同的区别。

《合同法》第52条规定，下列合同为无效合同：①一方以欺诈、胁迫的手段订立的，损害国家利益的合同；②恶意串通所订立的，损害国家、集体或者第三人利益的合同；③以合法形式掩盖非法目的的合同；④损害社会公共利益的合同；⑤违反法律、行政法规的强制性规定的合同。

《合同法》第54条规定，下列合同，当事人一方有权请求人民法院或者仲裁机构变更或者撤销：①因重大误解而订立的合同；②在订立合同时显失公平的；③一方以欺诈、胁迫的手段或者乘人之危，使对方在违背真实意思的情况下订立的合同。

10. **答案：**ABE

解析：（1）合同的担保，是指合同当事人根据法律规定或双方约定，为确保合同的切实履行而设定的一种权利、义务关系。换句话，合同担保是指对于已经成立的合同，当事人双方根据法律规定或者双方约定，为促使债务人履行其债务，确保债权人实现其债权而采取的一种具有法律约束力的经济保障措施。

（2）根据《担保法》的规定，合同担保的形式有定金、保证、抵押、质押、留置五种。

11. **答案：**ABCD

解析：合同生效应当具备的条件有：①当事人具有相应的民事行为能力；②当事人的意思表示真实；③不违反法律，不损害社会公共利益；④具备法律所要求的形式。

由此可见，合同公证或者鉴证并不是合同生效应当具备的条件。

12. **答案：**ABDE

解析：根据《公路工程标准施工招标文件》（2009年版）第二章投标人须知第1.12.2项的规定，投标文件中的下列偏差为细微偏差：

（1）在按照招标文件的规定对投标价进行算术性错误修正及其他错误修正后，最终投标报价未超过投标控制价上限（如有）的情况下，招标文件所列的投标报价的算术性和其他错误；

下列偏差为细微偏差中的算术性错误：①投标文件中的大写金额与小写金额不一致；②总价金额与依据单价计算出的结果不一致；③当单价与数量相乘不等于合价时；④当各子目的合价累计不等于总价时。

下列偏差为细微偏差中的其他错误：①在招标人给定的工程量清单中漏报了某个工程子目的单价、合价或总额价，或所报单价、合价或总额价减少了报价范围；②在招标人给定的工程量清单中多报了某个工程子目的单价、合价或总额价，或所报单价、合价或总额价增加了报价范围。

（2）施工组织设计（含关键工程技术方案）和项目管理机构不够完善。

13. **答案：**ABCD

解析：根据《合同法》第61条、62条的规定，合同生效后，当事人对合同价款约定不明确的，可以协议补充；不能达成补充协议的，按照合同有关条款或者交易习惯确定。按照前述方法仍不能确定的，则按照订立合同时履行地的市场价格履行。

14. **答案：**ACD

解析：合同的解除包括约定解除和法定解除。其中，《合同法》中规定的解除合同的条件即为法定解除的条件。《合同法》第 94 条规定，有下列情形之一的，当事人可以解除合同：

（1）因不可抗力致使不能实现合同目的。

（2）在履行期限届满之前，当事人一方明确表示或者以自己的行为表明不履行主要债务。

（3）当事人一方迟延履行主要债务，经催告后在合理期限内仍未履行。

（4）当事人一方迟延履行债务或者有其他违约行为致使不能实现合同目的。

15. **答案**：ABCD

解析：根据《公路工程标准施工招标文件》（2009 年版）第五章的规定，工程量清单由以下 5 部分组成：①工程量清单说明；②投标报价说明；③计日工说明；④其他说明；⑤工程量清单各项表格。

其中，工程量清单各项表格由以下 5 种表格组成：①工程量清单表；②计日工表；③暂估价表；④投标报价汇总表；⑤投标报价单价分析表。

16. **答案**：ABDE

解析：《公路工程标准施工招标文件》（2009 年版）专用合同条款第 3. 1. 1 项规定，监理人受发包人委托，享有合同约定的权力。监理人在行使下列权力前需要经发包人事先批准：①同意分包本工程的某些非主体和非关键性工作；②确定不利物质条件下产生的费用增加额；③发布开工通知、暂停施工指示或复工通知；④决定工期延长；⑤审查批准技术规范或设计的变更；⑥发出的变更指示，其单项工程变更或累计变更涉及的金额超过了项目专用合同条款数据表中规定的金额；⑦确定变更工作的单价；⑧决定有关暂列金额的使用；⑨确定暂估价金额；⑩确定索赔额。

17. **答案**：ABCD

解析：《公路工程标准施工招标文件》（2009 年版）通用合同条款第 11. 3 款规定，在履行合同过程中，由于发包人的下列原因造成施工进度网络计划中关键线路上某工作发生延误的，承包人有权要求发包人延长工期和（或）增加费用，并支付合理利润。①因变更增加合同工作内容；②因变更改变合同中任何一项工作的质量要求或其他特性；③发包人迟延提供材料、工程设备或变更交货地点的；④因发包人原因导致的暂停施工；⑤提供图纸延误；⑥未按合同约定及时支付预付款、进度款；⑦发包人造成工期延误的其他原因。

通用合同条款第 11. 4 款规定，由于出现项目专用合同条款规定的异常恶劣气候的条件导致工期延误的，承包人有权要求发包人延长工期，但无权要求增加费用，也无权要求支付利润。

18. **答案**：ABCD

解析：监理工程师受理承包人工程延期申请应具备的条件包括：

（1）由于承包人的原因，工程不能按原定工期完工。

（2）延期事件发生后，承包人在合同规定的期限内提交了延期意向通知书。

（3）承包人按合同规定提交了详细真实的证据资料。

（4）延期事件终止后，承包人在合同规定的期限内提交了延期申请报告。

19. **答案：**ABCD

解析：监理工程师在审批费用索赔时，应坚持的原则包括：

（1）恪守合同原则。即监理工程师在处理或审批索赔时应以合同为依据，严格按合同办事。

（2）尊重事实原则。即监理工程师在处理或审批索赔时应以（损害）事实为依据，科学公正地审核索赔。

（3）公平合理原则。即监理工程师在处理或审批索赔时应客观公正，既要尊重承包人索赔的权利，保护承包人的合法利益，又要严格审查，防止承包人滥用索赔、虚夸事实、高估冒算。

（4）准确及时原则。即监理工程师在处理或审批索赔时应严格按索赔程序办事，确保索赔原因及索赔数额审核的准确性，并及时签发索赔批复报告，在合同条款规定的期限内答复承包人。

（5）分级审批原则。即监理人在处理或审批索赔时应严格遵守审批程序，逐级审查（初审、复审、终审），分级把关，防止监理人员滥用权力，保证索赔审批结果客观公正。

20. **答案：**BDE

解析：《公路工程标准施工招标文件》（2009 年版）合同条款第 24 条规定，发包人和承包人在履行合同中发生争议的，可以友好协商解决或者提请争议评审组评审。合同当事人友好协商解决不成、不愿提请争议评审或者不接受争议评审组意见的，可在项目专用合同条款中约定下列任意一种方式解决：①向约定的仲裁委员会申请仲裁；②向有管辖权的人民法院提起诉讼。

三、判断题

1. **答案：**×

解析：当被代理人认为无权代理行为虽非自己委托，但其后果却符合自己的意愿和利益时，则有追认权。追认权实质上是对代理权的补充。无权代理一旦经被代理人行使追认权而予以追认即转变为合法的代理行为，此时该代理行为对于被代理人具有法律约束力。

2. **答案：**×

解析：《合同法》第 39 条规定，格式条款是当事人为了重复使用而预先拟定，并在订立合同时未与对方协商的条款。

3. **答案：**×

解析：《合同法》第 12 条规定，合同的内容由当事人约定，一般包括以下条款：①当事人的名称或者姓名和住所；②标的；③数量；④质量；⑤价款或者酬金；⑥履行期限、地点和方式；⑦违约责任；⑧解决争议的方法。

上述条款是合同的主要内容和核心。它规定了合同法律关系的三要素，特别是当事人双方的权利和义务，是确认合同内容是否完整的条件，也是当事人双方履行合同和处理合同争议的依据。但合同没有约定上述条款中的某些条款，只是说明合同内容不完备，合同履行中容易产生争议，并不意味着合同无效。

4. **答案：**×

解析：缔约过失责任，又称缔约过错责任，是指由于当事人一方在缔结合同之际具有过失，从而导致合同不成立、无效或被撤销，因此使对方遭受损失而应该承担的民事法律责任。

由此可知，承担缔约过失责任的条件之一是因当事人一方的过失而使合同不成立，因此使对方当事人遭受损失。就是说，如果对方当事人没有遭受损失，则过失的一方当事人无须承担缔约过失责任。

5. **答案：**×

解析：合同工期是指承包人在投标函中承诺的完成合同工程所需的期限，包括按相关合同条款约定所作的变更。

6. **答案：**×

解析：质量保证金是指按合同条款约定的，用于保证在缺陷责任期内履行缺陷修复义务的金额。

7. **答案：**×

解析：《公路工程标准施工招标文件》（2009 年版）第五章工程量清单的投标报价说明第 2. 3 款规定，工程量清单中投标人没有填入单价或价格的子目，其费用视为已分摊在工程量清单中其他相关子目的单价或价格之中。承包人必须按监理人指令完成工程量清单中未填入单价或价格的子目，但不能得到结算与支付。

8. **答案：**√

解析：《公路工程施工监理招标文件范本》（2008 年版）监理合同通用条款规定，如果监理人在监理服务过程中行使的权力或所需的授权，来自于发包人和第三方签订的工程合同文件，该合同文件必须成为本监理合同的组成部分，两者之间如出现矛盾，则应编制补充说明文件一并列入监理合同。

9. **答案：**×

解析：承包人不得将工程主体、关键性工作分包给第三人。经发包人同意，承包人可将工程的非主体、非关键性工作分包给第三人。

10. **答案：**√

解析：《公路工程标准施工招标文件》（2009 年版）合同条款第 24. 2 款规定，在提请争议评审、仲裁或者诉讼前，以及在争议评审、仲裁或诉讼过程中，发包人和承包人均可共同努力友好协商解决争议。

四、综合分析题

1. **答案**：(1) 背景材料中涉及的合同法律关系有以下三个：

①建设单位与北方路桥公司之间签订了施工合同，它们之间存在施工合同法律关系；②建设单位与诚信监理有限公司之间签订了监理合同，它们之间存在着监理合同法律关系；③北方路桥公司与光明建筑公司之间签订了分包合同，它们之间存在着分包合同法律关系。

(2) 合同法律关系是由主体、客体、内容三个要素构成。

本题中施工合同法律关系三要素分别是指：①主体：建设单位和北方路桥公司；②客体：该工程项目；③内容：施工合同中约定的建设单位和北方路桥公司的权利和义务。

(3) 北方路桥公司是法人。

法人应具备的条件有：①依法成立；②有必要的财产或者经费；③有自己的名称、组织机构和场所；④能够独立承担民事责任。

(4) 在签订施工合同中，张三的法定身份是委托代理人，李四的法定身份是法定代表人。

(5) 合同代理的基本形式有委托代理、法定代理、指定代理三种。

本题中施工合同的订立采用了委托代理，委托代理成立应具备以下三个条件：①代理人必须事先取得被代理人（或委托单位）的委托授权书；②代理人必须在授权范围内签订合同；③代理人必须以被代理人（或委托单位）的名义签订合同。

2. **答案**：(1) 施工合同的内容包括：工程范围、建设工期、中间交工工程的开工和竣工时间、工程质量、工程造价、技术资料交付时间、材料和设备供应责任、拨款和结算、竣工验收、质量保修范围和质量保证期、双方相互协作等条款。

(2) 当事人对工程质量约定不明确的，采用以下办法补救：①由当事人协议补充；②如不能达成补充协议的，按照合同有关条款或者交易习惯确定；③如果按照前两种方式仍然不能确定的，则按下列规定进行履行：按国家标准、行业标准履行；没有国家、行业标准的，按照通常标准或者符合合同目的的特定标准履行。

(3) 当事人可以通过和解或者调解解决合同争议。当事人不愿和解、调解或者和解、调解不成的，可以根据仲裁协议向仲裁机构申请仲裁。当事人没有订立仲裁协议或者仲裁协议无效的，可以向人民法院起诉。

模拟试卷二

一、单项选择题

1. **答案**：C

解析：《合同法》第287条规定，建设工程没有规定的，适用承揽合同的有关规定。

2. **答案**：C

解析：根据有关法律规定，施工企业的法定代表人有权代表该企业签订经济合同等。如果由于客观条件的限制，施工企业的法定代表人不能亲自签订合同时，他可以委托代理人，由代理人代签合同。换句话说，法定代表人可委托代理人采用委托代理方式签订合同。

3. **答案**：A

解析：合同法律关系的客体，是指合同法律关系主体的权利和义务共同所指向的对象。合同法律关系客体的种类主要包括物、财、行为、智力成果等。

建设工程施工合同的客体是工程建筑物，也就是法律意义上的物。而建设工程勘察设计合同、施工监理合同的客体则是行为。

4. **答案**：B

解析：《合同法》规定，对格式条款的理解有争议的，应当按照通常的理解予以解释；对格式条款有两种以上解释的，应作出不利于提供格式条款一方的解释。格式条款与非格式条款不一致的，应当采用非格式条款。

5. **答案**：D

解析：先履行抗辩权是指在双务合同中约定有先后履行顺序，先履行的一方未履行或履行债务不符合约定的，后履行一方有权暂时停止履行义务。先履行抗辩权是法律赋予双务合同后履行一方当事人的权利，目的在于保护双务合同后履行一方当事人的合法利益。

公路工程施工合同在履行过程中，通常是施工单位先施工，待完成的工程经检查验收合格后，建设单位（或监理工程师）再予以计量支付。从这个角度看，施工单位是先履行合同义务的一方，建设单位是后履行义务的一方。当先履行合同的施工单位不履行约定义务时，后履行合同的建设单位有权暂时停止履行计量支付的义务。建设单位的这一行为是在行使先履行抗辩权。

6. **答案**：C

解析：《合同法》规定，受要约人超过承诺期限发出承诺的，除要约人及时通知受要约人该承诺有效的以外，为新要约。

受要约人对要约的内容作出实质性变更的，为新要约。所谓受要约人对要约的内容作出实质性变更就是对合同主要条款，也就是对标的、数量、质量、价款或者报酬、履行期限、履行地点和方式、违约责任和解决争议方法等的变更。

7. **答案**：D

解析：(1) 承诺对要约的内容作出了实质性变更，为新要约。

(2) 撤回承诺的通知与承诺同时到达要约人，则承诺撤回，承诺无效。

(3) 受要约人超过承诺期限发出承诺，除要约人及时通知受要约人该承诺有效的以外，为新要约。

(4) 承诺被延误，是指受要约人在承诺期限内发出的，因其他原因承诺到达要约人时超过承诺期限。合同法规定，受要约人在承诺期限内发出承诺，按照通常情形能够及时到达要约人，但因其他原因承诺到达要约人时超过承诺期限的，除要约人及时通知受要约人因承诺超过期限不接受该承诺的以外，该承诺有效。

8. **答案**：B

解析：本题主要考察合同成立与合同生效的区别与关系以及合同公证与鉴证。

①合同成立即表明合同订立过程的结束，当事人履行合同已成为可能，但不意味着合同对当事人已产生法律约束力；②合同成立是合同生效的前提条件；③合同生效是指合同对双方当事人法律约束力的开始。合同生效，就意味着合同已依法成立，合同开始对当事人发生法律约束力。当事人各方必须全面履行合同，否则将依法追究其法律责任；④合同的公证与合同的鉴证对合同的效力不产生影响，它们不是合同成立或生效的条件。因此，合同公证或鉴证实行自愿原则。

9. **答案**：B

解析：《合同法》第 57 条规定，合同无效、被撤销或者终止，不影响合同中独立存在的有关解决争议方法的条款的效力。

《合同法》第 98 条规定，合同的权利义务终止，不影响合同中结算和清理条款的效力。

由此可知，合同中有关解决争议的条款的效力具有相对独立性，不受合同无效、被撤销或者终止的影响。

10. **答案**：C

解析：具有代为清偿债务能力的法人、其他组织或者公民，可以作为保证人。但是，以下组织不能作为保证人：①企业法人的分支机构、职能部门。企业法人的分支机构有法人书面授权的，可以在授权范围内提供保证；②国家机关；③学校、幼儿园、医院等以公益为目的事业单位、社会团体。

11. **答案**：C

解析：不可抗力，是指合同双方当事人在订立合同时不能预见，在履行合同的过程中不能避免并不能克服的客观情况。不可抗力一般包括以下两类：一类是各种自然灾害事件，如地震、海啸、泥石流、暴雨（雪）、台风、水灾、瘟疫等；另一类是各种社会性突发事件，如战争、骚乱、暴动、武装冲突、罢工、核泄漏、核辐射或核污染等以及政府法律、行政行为等。

《合同法》第 117 条规定：因不可抗力不能履行合同的，根据不可抗力的影响，部分或者全部免除责任。但当事人迟延履行合同后发生不可抗力的，则不能免除其违约责任。

由于不可抗力的原因导致承包人不能按约定的工期交工，属于违约行为，但其违约责任可以部分或者全部免除。

12. **答案：** D

解析：《合同法》第 62 条规定，合同履行地点约定不明确，给付货币的，在接受货币一方所在地履行；交付不动产的，在不动产所在地履行；其他标的，在履行义务一方所在地履行。

13. **答案：** C

解析： 当事人一方不履行合同义务或者履行合同义务不符合约定的，应当承担继续履行、采取补救措施或者赔偿损失等违约责任。

违约的当事人承担了支付违约金或者赔偿金等经济法律责任，但这都不能代替合同的履行。因此，当事人就迟延履行约定债务的，违约方支付违约金后，还应当继续履行债务。

14. **答案：** A

解析： 当事人采用仲裁方式解决争议的，应当双方自愿，并达成仲裁协议。如有一方不同意仲裁的，仲裁机构即无权受理。换句话说，合同双方当事人自愿达成的仲裁协议是仲裁机构受理合同争议的前提条件。合同双方当事人如果未达成仲裁协议，则只能以诉讼作为解决合同争议的最终方式。

15. **答案：** D

解析：《公路工程标准施工招标文件》（2009 年版）专用合同条款第 9. 2. 1 项规定，对影响安全的重要工序和危险性较大的工程承包人应编制专项施工方案，并附安全验算结果，经承包人项目总工程师签字并报监理人和发包人批准后实施，由专职安全生产管理人员进行现场监督。

16. **答案：** A

解析： 招标人符合法律规定的自行招标条件的，可以自行办理招标事宜。任何单位和个人不得强制其委托招标代理机构办理招标事宜。招标人有权自行选择招标代理机构，委托其办理招标事宜。任何单位和个人不得以任何方式为招标人指定招标代理机构。

招标代理机构应当在招标人委托的范围内办理招标事宜。招标代理机构不得无权代理、越权代理，不得明知委托事项违法而进行代理。

招标代理机构不得接受同一招标项目的投标代理和投标咨询业务；未经招标人同意，不得转让招标代理业务。

招标代理机构是依法设立、从事招标代理业务并提供相关服务的社会中介组织。

17. 答案 D

解析：《公路工程标准施工招标文件》（2009 年版）第二章投标人须知第 3. 5. 3 项规定，若在评标期间发现投标人提供了虚假资料，招标人有权对投标人的投标文件作废标处理，并没收其投标担保；若在评标结果公示期间发现作为中标候选人的投标人提供了虚假资料，招标人有权取消其中标资格并没收其投标担保；若在合同实施期间发现投标人提供了投标人提供了虚假资料，招标人有权从工程支付款或履约保证金中扣除不超过合同总价10%的金额作为违约金。同时招标人将投标人上述弄虚作假行为上报省级交通主管部门，作为不良记录纳入公路建设市场信用信息管理系统。

18. **答案：**D

解析：《公路工程标准施工招标文件》（2009年版）通用合同条款第20.1款规定，建筑工程一切险的保险金额为工程量清单第100章（不含建筑工程一切险及第三者责任险的保险费）至700章的合计金额。

19. **答案：**B

解析：《公路工程标准施工招标文件》（2009年版）通用合同条款第19.2.3项规定，缺陷责任期内，发包人发现已接收的工程存在新的缺陷或已修复的缺陷部位或部件又遭损坏的，监理人和承包人应共同查清缺陷和（或）损坏的原因。

经查明属承包人原因造成的，应由承包人承担修复和查验的费用。经查验属发包人原因造成的，发包人应承担修复和查验的费用，并支付承包人合理利润。

20. **答案：**D

解析：《公路工程标准施工招标文件》（2009年版）通用合同条款第19.6条规定，在通用条款第1.1.4.5目约定的缺陷责任期，包括根据通用条款第19.3款延长的期限终止后14d内，由监理人向承包人出具经发包人签认的缺陷责任期终止证书，并退还剩余的质量保证金。

二、多项选择题

1. **答案：**CDE

解析：委托代理，是基于被代理人对代理人的委托授权而产生代理权的代理行为。

委托代理成立的条件包括：①代理人必须事先取得被代理人（或委托单位）的委托授权书；②代理人必须在授权范围内签订合同；③代理人必须以被代理人（或委托单位）的名义签订合同。

2. **答案：**ACD

解析：法律关系是由法律规范所确定的当事人之间的权利和义务关系。在市场经济条件下，合同法律关系是一种最常见和最重要的法律关系。

合同法律关系是由主体、客体、内容三个要素构成的。这三个要素构成了民事法律关系，缺少其中任何一个要素都不能构成民事法律关系，改变其中的任何一个要素就改变了原来设定的民事法律关系。

3. **答案：**BCE

解析：合同的内容（即合同条款）与合同法律关系的内容是两个不同的范畴。

（1）合同的内容，是对当事人权利义务的具体规定，表现为合同条款。

（2）合同法律关系的内容，是指合同法律关系主体在合同法律关系中所享有的权利和承担的义务。

因此，合同的内容，不一定是合同法律关系中内容的范围。本题所列的五个备选项均属于合同条款或合同内容，但是否属于合同法律关系的“内容”的范围，应作具体分析。

本题中，选项A是合同标的，也就是合同法律关系三要素中的客体，不属于合同法律关系内容的范畴。选项B数量是衡量当事人权利义务大小的尺度，属于合同法律关系的内容的范畴。选项C违约责任是指当事人不履行合同义务或者履行合同义务不符合约定而应承担的民事责任。通过追究违约方的违约责任，使当事人的合同权利受到保护，故也属于合同法律关系内容的范畴。选项D是当事人对解决合同争议手段的约定，并不涉及当事人的权利义务，不应被认定为合同法律关系的内容的范畴，应予排除。选项E涉及合同当事人的权利和义务，属于合同法律关系三要素中的内容的范畴。

4. **答案：**CD

解析：按合同内容是否事先拟定，合同可划分为以下两类：

（1）格式合同。又称为定式合同、标准合同、附和合同，它是当事人一方为与不特定的多数人进行交易而预先拟定的，且不允许相对人对其内容作任何变更的合同。

（2）非格式合同。合同内容完全由双方当事人通过协商，达成一致所签订的合同。

5. **答案：**BC

解析：（1）缔约过失责任是发生在合同订立的过程中，而不是发生在合同履行的过程中。

（2）在合同履行过程中，建设单位没有按照合同的约定支付工程款，则应承担违约责任。

（3）在合同履行过程中，建设单位没有按照合同的约定支付工程款，则应向施工单位支付因此而产生的利息。

（4）如果合同中约定了施工单位先履行合同，则施工单位有确切证据证明建设单位有以下列情形之一的，可以行使不安抗辩权：①经营状况严重恶化；②转移财产、抽逃资金，以逃避债务；③丧失商业信誉；④有丧失或者可能丧失履行债务能力的其他情形。

（5）在履行合同的过程中，如果因建设单位的过错而不履行合同，或履行合同不符合约定时，就要承担违约责任；如果建设单位无过错，就无须承担违约责任。

6. **答案：**BCE

解析：以竞争形式订立合同时，要约和承诺最典型的表现形式是招标投标。招标投标可分为发布招标公告（或投标邀请书）、投标和发出中标通知书三个阶段。

（1）发布招标公告（或投标邀请书）：属于要约邀请，其目的是诱使更多的人提出要约，以便在其中选择最佳的缔约当事人。

（2）投标：属于要约，是投标人直接向招标人发出，以订立合同为目的，并含有合同成立所要求的内容的意思表示。

（3）发出中标通知书：属于承诺，是招标人直接向要约人发出，是同意要约的意思表示。

7. **答案**：ABDE

解析：《合同法》规定：

（1）承诺生效时合同成立。承诺生效的地点为合同成立的地点。

（2）当事人采用合同书形式订立合同的，自双方当事人签字或盖章时合同成立。

（3）采用合同书形式订立合同，在签字或盖章之前，当事人一方已履行主要义务，对方接受的，该合同成立。

（4）法律、行政法规规定或者当事人约定采用书面形式订立合同，当事人未采用书面形式但一方已经履行主要义务，对方接受的，该合同成立。

（5）当事人采用信件、数据电文等形式订立合同的，可以在合同成立之前要求签订确认书，签订确认书时合同成立。

8. **答案**：AD

解析：《合同法》第 12 条规定，合同的内容由当事人约定，一般包括以下条款：①当事人的名称或者姓名和住所；②标的；③数量；④质量；⑤价款或者酬金；⑥履行期限、地点和方式；⑦违约责任；⑧解决争议的方法。

合同法律关系三要素中的内容是指法律规定或者合同规定的当事人的权利与义务。在上述合同的主要条款中，数量，质量，价款或者酬金，履行期限、地点和方式，违约责任等条款都是合同约定的当事人的义务或权利，它们属于合同法律关系三要素中的内容。而合同主要条款中的当事人的名称或者姓名和住所，标的，解决争议的方法等条款都不是当事人的义务或权利，因此它们也就不是合同法律关系三要素中的内容。

9. **答案**：DE

解析：（1）保证担保中，只能由第三人作为保证人（担保人）为债务人履行合同债务向债权人作出担保。

（2）抵押和质押担保中，债务人可以用第三人或自己的财产作为履行债务向债权人提供担保。因此，抵押和质押中的担保人既可以是第三人，也可以是主合同一方当事人。

（3）定金和留置担保中的担保人只能是主合同一方当事人。

10. **答案**：ABC

解析：《公路工程施工招标投标管理办法》第 7 条规定，公路工程施工招标的项目应当具备下列条件：①初步设计文件已被批准；②建设资金已经落实；③项目法人已经确定，并符合项目法人资格标准要求。

11. **答案**：BD

解析：合同纠纷的处理应以“弄清事实，分清是非，明确责任，适用条款”为前提，坚持以下原则：①协商为主原则；②调解优先原则。

12. **答案**：ABCD

解析：根据《合同法》第 61 条、62 条的规定，合同生效后，当事人对合同价款约定不明确的，可以协议补充；不能达成补充协议的，按照合同有关条款或者交易习惯确定。按照前述方法仍不能确定的，则按照订立合同时履行地的市场价格履行。

13. **答案**：ABCD

解析：根据合同法规定，合同当事人承担违约责任的形式主要包括以下5种：①支付违约金；②赔偿损失（或支付赔偿金）；③定金罚则；④采取其他补救措施；⑤继续履行（或强制履行）。

14. **答案**：ABCE

解析：当事人承担赔偿损失的条件包括：①当事人有违约行为；②当事人有过错；③有损失后果或损害事实；④违约行为与损失后果之间有因果关系。

15. **答案**：DE

解析：《公路工程标准施工招标文件》（2009年版）第二章投标人须知第3.4.4项规定，有下列情形之一的，投标保证金将不予退还：

（1）投标人在规定的投标有效期内撤销或修改其投标文件。

（2）中标人在收到中标通知书后，无正当理由拒签合同协议书或未按招标文件规定提交履约担保。

（3）投标人不接受依据评标办法的规定对其投标文件中细微偏差进行澄清和补正。

（4）投标人提交了虚假资料。

16. **答案**：ACD

解析：《公路工程标准施工招标文件》（2009年版）通用合同条款第15.1款规定：在履行合同中发生以下情形之一，应按照规定进行变更：

（1）取消合同中任何一项工作，但被取消的工作不能转由发包人或其他人实施，由于承包人违约造成的情况除外。

（2）改变合同中任何一项工作的质量或其他特性。

（3）改变合同工程的基线、高程、位置或尺寸。

（4）改变合同中任何一项工作的施工时间或改变已批准的施工工艺或顺序；

（5）为完成工程需要追加的额外工作。

17. **答案**：ABCE

解析：《公路工程标准施工招标文件》（2009年版）通用合同条款第11.3款规定，在履行合同过程中，由于发包人的下列原因造成施工进度网络计划中关键线路上某工作发生延误的，承包人有权要求发包人延长工期和（或）增加费用，并支付合理利润。①因变更增加合同工作内容；②因变更改变合同中任何一项工作的质量要求或其他特性；③发包人迟延提供材料、工程设备或变更交货地点的；④因发包人原因导致的暂停施工；⑤提供图纸延误；⑥未按合同约定及时支付预付款、进度款；⑦发包人造成工期延误的其他原因。

通用合同条款第8.3款规定，发包人应对其提供的测量基准点、基准线和水准点及其书面资料的真实性、准确性和完整性负责。发包人提供上述基准资料错误导致承包人测量放线工作的返工或造成工程损失的，发包人应当承担由此增加的费用和（或）工期延误，并向承包人支付合理利润。

通用合同条款第 1. 10 款规定，在施工场地发掘出文物、古迹等时，承包人应采取有效合理的保护措施，由此导致费用增加和（或）工期延误由发包人承担。但承包人无权要求支付利润。

根据《公路工程标准施工招标文件》（2009 年版）合同条款的规定，下列索赔事件承包人通常是不能索赔利润的：①施工过程中发现文物、古迹等；②施工过程中遇到不可预见的不利物质条件；③发包人要求提前交付材料和工程设备；④异常恶劣的气候条件；⑤发包人要求提前交工；⑥法律变化引起的价格调整；⑦不可抗力。

18. **答案：**BCDE

解析：计日工，是指对零星工作采取的一种计价方式，按合同中的计日工子目及其单价计价付款。合同条款有关计日工的规定如下：

（1）未经监理人书面指令，任何工程不得按计日工施工；接到监理人按计日工施工的书面指令，承包人也不得拒绝。

（2）发包人认为有必要时，由监理人通知承包人以计日工方式实施变更的零星工作。其价款按列入已标价工程量清单中的计日工计价子目及其单价进行计算。

（3）采用计日工计价的任何一项变更工作，应从暂列金额中支付，承包人应在该项变更的实施过程中，每天提交有关报表和有关凭证报送监理人审批。

（4）投标人应在计日工单价表中填列计日工子目的基本单价或租价，该基本单价或租价适用于监理人指令的任何数量的计日工的结算与支付。

（5）用于计日工的劳务，一般应按正常工时进行，不允许加班；用于计日工的材料应由承包人供应，未经监理人同意不得任意改变；用于计日工的施工机械设备由承包人提供，因故障闲置的机械设备不支付费用。

（6）计日工不得任意分包，除非得到监理人的事先同意。

（7）计日工不调价。

19. **答案：**ABCD

解析：承包人的工程延期申请能够成立并获得监理工程师批准应具备的条件包括：

（1）延期事件确实发生，且已造成了工期延误。

（2）延期申请的提出符合合同规定（即延期事件是非承包人原因引起的，且已按合同条款规定的程序提出了延期申请）。

（3）延期事件发生在施工进度网络计划的关键线路上。

（4）延期天数的计算合理，证据资料真实充足。

20. **答案：**AD

解析：索赔报告（索赔通知书）是承包人向监理人提交的，要求发包人给予一定经济补偿的正式报告。监理人对索赔的审核主要是对索赔报告的审核。监理人对索赔报告的审核主要包括判定承包人的索赔要求是否成立和核查承包人的索赔额计算是否正确两个方面。

三、判断题

1. **答案：**√

解析：由于代理行为是以意思表示作为基本要素，所以，代理人在代理权限范围内，根据当时当地的实际情况，独立地决定法律行为的内容和方式，以自己的意志去积极地为实现被代理人的利益和愿望进行代理行为。它具体表现为代理人有权自行解决他如何向第三人作出意思表示，或者是否接受第三人的意思表示。这既是维持民事流转秩序的必然要求，也符合被代理人的利益。

2. **答案：**×

解析：合同法律关系是由主体、客体（有时也称为合同标的或标的物）、内容三个要素构成的。这三个要素构成了合同法律关系，缺少其中任何一个要素都不能构成合同法律关系，改变其中的任何一个要素就改变了原来设定的合同法律关系。

3. **答案：**×

解析：双务合同在履行过程中当事人享有抗辩权，单务合同在履行过程中当事人是没有抗辩权的。

4. **答案：**×

解析：（1）施工招标，是招标人通过发布招标公告或发出投标邀请书的方式，邀请不特定的或特定的具备相应资格条件的法人参加投标竞争，这属于要约邀请，其目的是诱使更多的人提出要约，以便在其中选择最佳的缔约当事人。

（2）投标，属于要约，是投标人直接向招标人发出、以订立合同为目的，并含有合同成立所要求的内容的意思表示。

（3）发出中标通知书，属于承诺，是招标人直接向要约人发出、同意要约的意思表示。

5. **答案：**×

解析：无效合同的确认权属于人民法院或仲裁机构。换言之，只有人民法院或者仲裁机构才有权判定合同无效。

6. **答案：**×

解析：合同的公证实行自愿原则。换句话说，合同公证或鉴证不是合同成立或者生效应当具备的条件。只要合同的订立符合法律的规定，合同就可以依法成立和生效。合同公证或鉴证对合同是否成立、是否生效没有任何影响。

7. **答案：**×

解析：就中标通知书的性质而言，招标人向投标人发出的中标通知书，是招标人对投标人发出的要约所作出的承诺。因此，中标通知书到达投标人时就意味着该承诺生效、合同成立。承诺生效后即对招标人和中标人产生法律约束力，招标人不得撤回中标通知书。

8. **答案：**√

解析：《公路工程标准施工招标文件》（2009 年版）通用合同条款第 4. 12 款规定，

投标的单价和总额价应已包括了合同中规定的承包人的全部义务（包括提供货物、材料、设备、服务的义务，并包括了暂列金额和暂估价范围内的额外工作的义务）以及为实施和完成本合同工程及其缺陷修复所必需的一切工作和条件。

9. **答案**：√

解析：《公路工程标准施工招标文件》（2009 年版）通用条款第 3. 3. 2 项规定，监理人员对承包人的任何工作、工程或其采用的材料和工程设备未在约定的或合理的期限内提出否定意见的，视为已获批准，但不影响监理人在以后拒绝该项工作、工程、材料或工程设备的权利。

10. **答案**：×

解析：在承包人的各种违约行为中，只有发生“承包人无法继续履行或明确表示不履行或实质上已停止履行合同”时，发包人才可通知承包人立即解除合同。

四、综合分析题

1. **答案**：（1）建设单位在监理招标和委托监理合同签订过程中的不妥之处和理由：

①不妥之处：监理中标通知书发出后第 45d 签订委托监理合同。

理由：《招标投标法》规定，招标人和中标人应当自中标通知书发出之日起 30d 内，按照招标文件和中标人的投标文件订立书面合同，所以第 45d 不符合规定。

②不妥之处：双方另行签订了一份监理酬金比监理中标价降低 10% 的协议。

理由：《招标投标法》规定，招标人与中标人不得再另行订立背离合同实质性内容的其他协议。背景材料中降低中标价的 10% 属背离合同实质性内容。

（2）施工期间发生的火灾属于不可抗力。

建设单位和施工单位承担的损失或费用如下：①工程本身损失 150 万元由建设单位承担；②100 万元的待安装设备的彻底报废由建设单位承担；③施工单位人员烧伤的医疗费及补偿费 15 万元由施工单位承担；④租赁的设备损坏赔偿 10 万元由施工单位承担；⑤其他单位临时停放在现场的价值 25 万元的汽车被烧毁由建设单位承担；⑥施工单位停工 5d 应相应顺延工期；⑦施工机械闲置损失 2 万元由施工单位承担；⑧必要的管理保卫人员费用支出 1 万元由建设单位承担；⑨工程所需清理、修复费用 200 万元由建设单位承担。

2. **答案**：（1）该承包人中标价中计列的安全生产费用不满足规定要求。

因为，《公路水运工程安全生产监督管理办法》规定，施工单位在工程报价中应当包含安全生产费用，一般不得低于投标价的 1%，且不得作为竞争性报价。

因此，该承包人中标价中计列的安全生产费用应当为：

$$200\,000\,000 \times 1\% = 2\,000\,000（元）= 200（万元）$$

（2）该承包人安排的专职安全生产管理人员不满足规定要求。

因为，《公路水运工程安全生产监督管理办法》规定，施工现场应当按照每 5 000 万元施工合同额配备 1 名专职安全生产管理人员，不足 5 000 万元的至少配备 1 名。

因此，该承包人安排的专职安全生产管理人员的数量应当为：

$$(200\ 000\ 000/50\ 000\ 000)\times 1=4（人）$$

（3）该项目中，应当编制专项施工方案的工程有：

路基工程中：高边坡处理工程，爆破工程。

桥梁工程中：桩基础工程施工，梁、柱等构件施工。

隧道工程中：不良地质地段隧道施工。

模拟试卷三

一、单项选择题

1. **答案**：B

解析：合同法律关系的客体，是指合同法律关系主体的权利和义务共同所指向的对象。合同法律关系的客体主要包括物、财（即货币资金及有价证券）、行为、智力成果等。

公路工程施工监理合同法律关系的主体是建设单位和监理单位。在施工监理合同中，建设单位和监理单位的权利与义务共同指向的对象是监理合同所规定的监理工作，即监理单位所提供的监理服务，监理服务就是监理工程师所实施的一种有意识的活动，也就是一种行为。因此，施工监理合同法律关系的客体是行为。

2. **答案**：C

解析：合同按主从关系划分，可分为主合同和从合同。主合同是指不依赖其他合同而独立存在的合同，例如勘察合同、设计合同、施工合同、监理合同等。

从合同是指以主合同的存在为存在前提的合同，例如担保合同、保险合同等

3. **答案**：A

解析：本题中，建筑公司总经理通过打电话委托授权张某签字，该代理属于委托代理，在该代理活动中，建筑公司为被代理人，张某为代理人。

在委托代理中，被代理人授予代理人代理权的形式可以用书面形式，也可以用口头形式。如果法律规定通过代理方式所签合同的形式应当采用书面形式的，则该委托授权也应当采用书面形式。例如通过委托代理方式代签建设工程合同时，委托授权书必须采用书面形式。

本题中，所签订的是建设工程合同（建设工程合同包括勘察合同、设计合同、施工合同），法律规定，建设工程合同应采用书面形式，因此，通过委托代理方式签订该合同时，被代理人应以书面形式向代理人委托授权。通过打电话授权是口头形式，因此该授权无效，签字也无效。

4. **答案**：D

解析：抗辩权是指在双务合同的履行过程中，在满足一定法定条件时，当合同当事人一方未履行债务或履行债务不符合约定时，合同另一方当事人有权暂时停止履行合同约定的义务。暂时停止履行义务，也称之为中止履行义务。

5. **答案**：A

解析：合同的保全措施包括：代位权和撤销权。所谓撤销权是指债权人对债务人所作的危害其债权的民事行为，有请求法院予以撤销的权利。撤销权的行使范围以债权人的债

权为限。债权人行使撤销权的必要费用，由债务人负担。撤销权自债权人知道或者应当知道撤销事由之日起1年内行使，5年内没有行使撤销权的，该撤销权消灭。

6. **答案**：A

解析：招标投标的过程就是工程合同订立的过程。在招标投标过程中，招标公告属于要约邀请，投标人递交的投标文件属于要约，招标人向中标人发出的中标通知书属于承诺。

7. **答案**：D

解析：据合同法的规定，可导致合同终止的情形包括：①债务已经按照约定履行；②合同解除；③债务相互抵销；④债务人依法将标的物提存；⑤债权人免除债务；⑥债权债务同归一人；⑦法律规定或者当事人约定终止的其他情形。

抗辩权是指双务合同在履行的过程中，当符合法定条件时，一方当事人有权暂时停止履行义务的行为。当事人行使抗辩权通常不会导致合同终止。

8. **答案**：A

解析：我国法律规定，无效合同的确认权归属人民法院或仲裁机构。人民法院或仲裁机构对无效合同的确认具有溯及既往的效力。换句话说，无效合同从订立之时起就没有法律效力。

9. **答案**：C

解析：合同无效或被撤销后，履行中的合同应当终止履行；尚未履行的，不得履行。

对当事人依据无效合同或被撤销的合同而取得的财产应当依法进行如下处理：

（1）返还财产或折价补偿。

（2）赔偿损失。

（3）追缴财产，收归国有或返还集体、第三人。

应注意的是，合同中止履行与合同终止履行是不同的概念。合同中止履行是指暂时停止合同履行。

10. **答案**：A

解析：当事人既约定违约金，又约定定金的，一方违约时，对方可以选择适用违约金或定金条款。换句话讲，对约定了违约金，同时采用了定金做担保的合同，当事人只能在违约金及定金罚则中选择一种。

定金罚则：给付定金的一方不履行约定债务的，无权要求返还定金；收受定金的一方不履行约定债务的，应当双倍返还定金。

在本题中，承包人若要求支付违约金，则应支付：1万元 $\times 8\% = 0.08$ 万元 $= 800$ 元。

承包人若要求采用定金罚则，则应返还：500元 $\times 2 = 1\,000$ 元，但其中500元本身就是承包人的金额。因此，实际上材料供应商支付的金额只有500元。

由此可见，要求支付违约金更符合承包人的利益。

11. **答案**：D

解析：《公路工程标准施工招标文件》（2009年版）合同条款第23.2款规定：

(1) 监理人收到承包人提交的索赔通知书后，应及时审查索赔通知书的内容、查验承包人的记录和证明材料，必要时监理人可要求承包人提交全部原始记录副本。

(2) 监理人应按通用条款第 3.5 款商定或确定追加的付款和（或）延长的工期，并在收到上述索赔通知书或有关索赔的进一步证明材料后的 42d 内，将索赔处理结果报发包人批准后答复承包人。

12. **答案：**B

解析：《合同法》第 119 条规定，当事人一方违约后，对方应当采取适当措施防止损失的扩大；没有采取适当措施致使损失扩大的，不得就扩大的损失要求赔偿。当事人因防止损失扩大而支出的合理费用，由违约方承担。

13. **答案：**D

解析：《合同法》第 63 条规定，执行政府定价或政府指导价的，在合同约定的交付期限内政府价格调整时，按照交付时的价格计价。逾期交付标的物的，遇价格上涨时，按照原价格执行；价格下降时，按照新价格执行。逾期提取标的物或者逾期付款的，遇价格上涨时，按照新价格执行；价格下降时，按照原价格执行。

14. **答案：**B

解析：只要当事人双方在合同中约定了仲裁条款（协议），那么，当事人对发生的争议经协商未达成一致时，可以直接申请仲裁。

15. **答案：**B

解析：《公路工程标准施工招标文件》（2009 年版）第二章投标人须知第 1.9.4 项规定，招标人在踏勘现场中介绍的工程场地和相关的周边环境情况，供投标人在编制投标文件时参考，投标单位应对自己由此得出的推论负责，招标人不对投标人据此作出的判断和决策负责。

16. **答案：**A

解析：《招标投标法》第 37 条规定，依法必须进行招标的项目，其评标委员会由招标人的代表和有关技术、经济等方面的专家组成，成员人数为 5 人以上单数，其中技术、经济等方面的专家不得少于成员总数的 2/3。

17. **答案：**D

解析：《招标投标法》第 45 条规定，中标人确定后，招标人应当向中标人发出中标通知书，并同时将中标结果通知所有未中标的投标人。中标通知书对招标人和中标人具有法律效力。中标通知书发出后，招标人改变中标结果的，或者中标人放弃中标项目的，应当依法承担法律责任。

从合同订立的角度来看，招标人向中标人发出中标通知书其实质就是招标人对中标人作出的承诺。根据《合同法》的规定，承诺到达中标人（要约人）时生效，生效的承诺对招标人（受要约人）和中标人（要约人）具有法律约束力。

18. **答案：**ACE

解析：施工阶段监理服务费（包括施工准备阶段、施工阶段）应依照监理工程的建筑安装工程费，按照《建设工程监理与相关服务收费管理规定》（发改价格［2007］670号）计算。

施工阶段监理服务收费计算方法（包括施工准备阶段和施工阶段）：

施工监理服务费 = 施工监理服务收费基准价 ×（1 ± 浮动幅度值）

施工监理服务收费基准价 = 施工监理服务收费基价 × 专业调整系数 × 工程复杂程度调整系数 × 高程调整系数

其中：浮动幅度值（%）为投标人自行填报相应的浮动幅度值，浮动幅度为上下20%；

施工监理服务收费基价按《施工监理服务收费基价表》（附表二）确定，附表二中的计费额为工程概算中的建筑安装工程费。

专业调整系数、工程复杂程度调整系数、高程调整系数按《建设工程监理与相关服务收费标准》确定。

19. **答案**：B

解析：《公路工程标准施工招标文件》（2009年版）专用合同条款第4.11.2项规定，承包人遇到不可预见的不利物质条件时，应采取适应不利物质条件的合理措施继续施工，并及时通知监理人。监理人应当及时发出指示，指示构成变更的，按通用条款第15条约定办理。监理人没有发出指示的，承包人因采取合理措施而增加的费用和（或）工期延误，由发包人承担。

20. **答案**：B

解析：《公路工程标准施工招标文件》（2009年版）专用合同条款第19.7（1）项规定，保修期自实际交工日期起计算，具体期限在项目专用合同条款数据表中约定。保修期与缺陷责任期重叠的期间内，承包人的保修责任同缺陷责任。在缺陷责任期满后的保修期内，承包人可不在工地留有办事人员和机械设备，但必须随时与发包人保持联系，在保修期内承包人应对由于施工质量原因造成的损坏自费进行修复。

二、多项选择题

1. **答案**：ABDE

解析：合同争议又称合同纠纷，是指在合同履行过程中当事人对合同规定的权利和义务产生了不同的理解而发生的争执。采取一定的方式或方法妥善解决争议的过程就称为合同争议处理。根据合同法的有关规定，合同争议处理的方式有协商、调解、仲裁、诉讼四种。

2. **答案**：ABC

解析：违约的一方当事人承担违约责任的条件一般包括：

（1）合同已依法有效成立。合同有效成立是承担违约责任的提前，违约责任是针对有效成立的合同而言的。

（2）当事人有不履行合同的行为。当事人不履行合同是违约产生的根源，也是承担违约责任的基本条件。

（3）行为人本身有过错。因行为人本身的过错而发生违约行为，当事人当然要承担违约责任。但如果是因不可抗力而违约，其违约责任可以依法部分或全部免除。

3. **答案**：ABCDE

解析：《合同法》第275条规定，施工合同的内容包括工程范围、建设工期、中间交工工程的开工和竣工时间、工程质量、工程造价、技术资料交付时间、材料和设备供应责任、拨款和结算、竣工验收、质量保修范围和质量保证期、双方相互协作等条款。

4. **答案**：BCDE

解析：《招标投标法》第36条规定，开标时，由投标人或者其推选的代表检查投标文件的密封情况，也可以由招标人委托的公证机构检查并公证。

《公路工程标准施工招标文件》（2009年版）第二章投标人须知规定，投标文件的密封情况可由监标人或投标人代表检查。

由此可知，投标文件的密封情况可由以下组织检查：①投标人或投标人推举的代表；②招标人委托的公证机构；③监标人。

5. **答案**：AC

解析：邀请招标与公开招标在招标程序上的主要区别有两点：①邀请招标不需要发布招标公告；而公开招标则需要发布招标公告；②邀请招标不需要设置资格预审这一环节，也就无须编制资格预审申请文件；而公开招标则需要设置资格预审这一环节，当然就要编制资格预审申请文件。

6. **答案**：BCDE

解析：合同公证与鉴证的区别主要表现在以下几方面：

（1）性质不同。公证是公证机构作出的司法行政行为；鉴证是合同管理机关（工商行政管理机关）作出的管理行政行为。

（2）行使职权的机构不同。公证权是公证机构依法行使；鉴证权是工商行政管理机关依法行使。

（3）法律依据不同。公证的法律依据是《公证法》、《公证条例》；鉴证的法律依据是《合同鉴证办法》。

（4）效力不同。公证具有法定证据效力，可予以强制执行；鉴证则不具备强制执行的效力。因此，经过公证的合同，其法律效力高于经过鉴证的合同。

（5）法律效力的适用范围不同。公证在我国域内域外都有法律效力，而鉴证的效力只限于我国国内。

7. **答案**：CDE

解析：《招标投标法》第13条规定，招标代理机构是依法设立、从事招标代理业务并提供相关服务的社会中介组织。招标代理机构与行政机关和其他国家机关不得存在隶属关系或者其他利益关系。

招标代理机构应当具备下列条件：

（1）有从事招标代理业务的营业场所和相应资金。

（2）有能够编制招标文件和组织评标的相应专业力量。

（3）有符合法定条件的可以作为评标委员会成员人选的技术、经济等方面的专家库。

8. **答案**：BE

解析：《公路工程标准施工招标文件》（2009 年版）投标人须知前附表规定：履约担保形式有：①银行保函；②银行保函 + 现金（电汇或银行汇票形式）。

9. **答案**：BDE

解析：评标委员会的工作责任包括：①认真研读招标文件，获取评标所需的重要信息和数据；②对招标人或清标小组提供的评标工作用表和评标内容进行核对；③对投标文件进行初步评审、对投标人进行资格审查（适应于未进行资格预审）；④确认投标文件中存在的偏差，并按照招标文件的规定对偏差进行处理；⑤确定评审需要澄清、核实的内容，并要求投标人对有关问题进行澄清或说明；⑥对投标文件进行详细评审，计算出投标文件的综合评分；⑦向招标人推荐中标候选人，并提交评标报告；⑧向招标人建议是否重新招标。

10. **答案**：AC

解析：《公路工程标准施工招标文件》（2009 年版）合同条款规定，建筑工程一切险和第三者责任险的保险费均由承包人报价时列入工程量清单 100 章内，作为单独支付子目。发包人在接到保险单后，按照保险单的费用支付。

11. **答案**：ABD

解析：《公路工程标准施工招标文件》（2009 年版）专用合同条款第 13.6.2 项规定，由于发包人的原因（例如提供的材料或工程设备不合格等）造成的工程不合格，需要承包人采取措施补救的，发包人应承担由此增加的费用和（或）工期延误，并支付承包人合理利润。

12. **答案**：BD

解析：《公路工程标准施工招标文件》（2009 年版）合同通用条款第 21.3.1 项规定，除专用合同条款另有约定外，不可抗力导致的人员伤亡、财产损失、费用增加和（或）工期延误等后果，由合同双方按以下原则承担：①永久工程，包括已运至施工场地的材料和工程设备的损害，以及因工程损害造成的第三者人员伤亡和财产损失由发包人承担；②承包人设备的损坏由承包人承担；③发包人和承包人各自承担其人员伤亡和其他财产损失及其相关费用；④承包人的停工损失由承包人承担，但停工期间应监理人要求照管工程和清理、修复工程的金额由发包人承担；⑤不能按期交工的，应合理延长工期，承包人不需支付逾期交工违约金。发包人要求赶工的，承包人应采取赶工措施，赶工费用由发包人承担。

13. **答案**：ABCD

解析：《公路工程标准施工招标文件》（2009 年版）专用合同条款第 13.1.5 项规定，公路施工项目严格执行质量责任追究制度。质量事故处理实行“四不放过”原则：事故原因调查不清不放过；事故责任者没有受到教育不放过；没有防范措施不放过；相关责任人没受到处理不放过。

14. **答案**：BD

解析：《公路工程标准施工招标文件》（2009 年版）专用合同条款第 14.4 款有关试验和检验费用的规定如下：

（1）承包人应负责提供合同和技术规范规定的试验和检验所需的全部样品，并承担其费用。

（2）在合同中明确规定的试验和检验，包括无须在工程量清单中单独列项和已在工程量清单中单独列项的试验和检验，其试验和检验的费用由承包人负担。

（3）如果监理人所要求做的试验和检验为合同未规定的或是在该材料或工程设备的制造、加工、制配场地以外的场所进行的，则检验结束后，如表明操作工艺或材料、工程设备未能符合合同规定，其费用应由承包人承担，否则，其费用应由发包人承担。

15. **答案**：AC

解析：《公路工程标准施工招标文件》（2009 年版）通用合同条款第 17.2.1（1）目规定，开工预付款的金额在项目专用合同条款数据表中约定。在承包人签订了合同协议书并提交了开工预付款保函后，监理人应在当期进度付款证书中向承包人支付开工预付款的 70% 的价款；在承包人承诺的主要设备进场后，再支付预付款 30%。

由此可见，开工预付款的支付条件有两个：①承包人已和发包人签订了施工合同；②承包人已按合同规定提交了开工预付款保函。

16. **答案**：ABCE

解析：《公路工程标准施工招标文件》（2009 年版）合同条款规定：

（1）已标价工程量清单中的单价子目工程量为估算工程量。结算工程量是承包人实际完成的，并按合同约定的计量方法进行计量的工程量。

（2）除按照通用条款第 15 条约定的变更外，总价子目的工程量是承包人用于结算的最终工程量。

（3）工程量清单中所列工程量的变动，丝毫不会降低或影响合同条款的效力，也不免除承包人按规定的标准进行施工和修复缺陷的责任。

（4）图纸中所列的工程数量表及数量汇总表仅是提供资料，不是工程量清单的外延。当图纸与工程量清单所列数量不一致时，以工程量清单所列数量作为报价的依据。

（5）工程量清单中投标人没有填入单价或价格的子目，其费用视为已分摊在工程量清单中其他相关子目的单价或价格之中。承包人必须按监理人指令完成工程量清单中未填入单价或价格的子目，但不能得到结算与支付。

17. **答案**：ACDE

解析：《公路工程标准施工招标文件》（2009 年版）专用合同条款第 9.2.1 项规定，对影响安全的重要工序和下列危险性较大的工程应编制专项施工方案，并附安全验算结果，经承包人项目总工签字并报监理人和发包人批准后实施，由专职安全生产管理人员进行现场监督。①不良地质条件下有潜在危险性的土方、石方开挖；②滑坡和高边坡处理；③桩基础、挡墙基础、深水基础及围堰工程；④桥梁工程中的梁、拱、柱等构件施工等；⑤隧道工程中的不良地质隧道、高瓦斯隧道等；⑥水上工程中的打桩船作业、施工船作业、外海孤岛作业、边通航边施工作业等；⑦水下工程中的水下焊接、混凝土浇筑等；⑧爆破工程；⑨大型临时工程中的大型支架、模板、便桥的架设与拆除；桥梁、码头的加固与拆除；⑩其他危险性较大的工程。

18. **答案**：ABCE

解析：《公路工程标准施工招标文件》（2009 年版）通用合同条款第 22.2 款规定，

（1）发生“发包人无法继续履行或明确表示不履行或实质上已停止履行合同”的违约情况时，承包人可书面通知发包人解除合同。

（2）发生“发包人无法继续履行或明确表示不履行或实质上已停止履行合同”以外的违约情况时，承包人可向发包人发出通知，要求发包人采取有效措施纠正违约行为。发包人收到承包人通知后的 28d 内仍不履行合同义务，承包人有权暂停施工，并通知监理人，发包人应承担由此增加的费用和（或）工期延误，并支付承包人合理利润。承包人暂停施工 28d 后，发包人仍不纠正违约行为的，承包人可向发包人发出解除合同通知。但承包人的这一行动不免除发包人承担的违约责任，也不影响承包人根据合同约定享有的索赔权利。

19. **答案**：BCE

解析：监理人判定承包人费用索赔成立的条件有：

（1）承包人受到了实际损失或损害（与合同相比已造成额外费用的增加或工期延误）。

（2）该损失或损害不是因承包人的过错造成的。

（3）该损失或损害也不是由承包人应承担的风险造成的。

（4）承包人在合同规定的时限内提交了索赔意向通知书和索赔通知书及详细的记录和证明材料。

20. **答案**：ABC

解析：当工程设置二级监理机构时，总监办的监理服务内容（职责）包括：①按合同要求建立总监办中心试验室；②熟悉合同文件，调查施工环境条件；③主持编制监理计划；审批各驻地办主持编制的监理细则；④参加设计交底；⑤审批承包人提交的施工组织设计；⑥审批承包人提交的总体进度计划，核批承包人对总体进度计划的调整计划；⑦签发开工预付款支付证书；⑧审批承包人提交的分项、分部、单位工程划分；⑨检查承包人的质量、安全和环保等保证体系，审核工地试验室，抽查控制桩点复测、测定地面线和工程划分及驻地办工作；⑩主持召开监理交底会和第一次工地会议；⑪签发合同工程开工令；⑫审批重要工程材料及混合料配合比；⑬审核工程中期支付申请，签发中期支付证书；⑭签发单位工程或合同工程的暂停令和复工令；⑮按合同约定审核、评估和处理工程变更、工程延期、费用索赔、价格调整、保险、违约、争端等合同事项；⑯组织编写监理月报；⑰根据工程需要主持召开专题工地会议；⑱对发生的质量缺陷、质量隐患和质量事故进行调查、处理或督促承包人按规定报告有关部门；⑲协助发包人审查交工验收申请，评定工程质量；⑳参加发包人组织的合同工程交工验收；㉑编写监理工作报告；㉒签认交工结账证书；㉓组织编制工程监理竣工文件，并督促承包人按合同约定编制和整理竣工资料；㉔在合同工程的缺陷责任期内，检查承包人剩余工程的实施；巡视检查已完工程，指示承包人修复发生的工程缺陷，调查、确认缺陷责任及修复费用；㉕签发合同工程缺陷责任终止证书；㉖签认最后支付证书；㉗参加工程竣工验收。

三、判断题

1. **答案：**×

解析：合同法律关系的内容是指合同约定和法律规定的合同主体的权利和义务。合同法律关系的内容与合同的内容是两个不同的概念。合同的内容中凡属于合同当事人享有的权利和承担的义务的部分就是合同法律关系中的内容，凡不是合同当事人享有的权利和承担的义务的部分就不是合同法律关系中的内容。

2. **答案：**√

解析：《合同法》第19条规定，有下列情形之一的，要约人不得撤销要约：

（1）要约人确定了承诺期限或者以其他形式明示要约不可撤销。

（2）受要约人有理由认为要约是不可撤销的，并已经为履行合同做了准备工件。

3. **答案：**×

解析：合同终止是指合同当事人之间根据合同确定的权利义务关系因某种原因归于消灭，客观上不复存在的法律事实。合同终止是合同关系的消灭。合同终止不影响合同中结算、清理条款和独立存在的解决争议方法的条款的效力。

4. **答案：**×

解析：一方以欺诈、胁迫的手段订立的合同，如果该合同没有损害国家利益，则不能认定该合同为无效合同，但如果该合同损害了国家利益，则一定为无效合同。

5. **答案：**×

解析：如果是由于事人本身的过错而不能履行合同或者履行合同不符合约定时，就应承担违约责任；反之，如果是因不可抗力而导致不能履行合同或者履行合同不符合约定时，则根据不可抗力的影响，部分或者全部免除其违约责任。

6. **答案：**×

解析：签约合同价的确定原则：按照招标文件规定对投标报价进行修正后，若修正后的最终投标报价小于开标时的投标函文字报价，则签约合同价以修正后的最终投标报价为准。反之，则签约合同价以开标时的投标函文字报价为准，同时按比例修正相应子目的单价或合价。

7. **答案：**√

解析：《公路工程标准施工招标文件》（2009年版）通用合同条款第3.4.4项规定，除合同另有约定外，承包人只从总监理工程师或按第3.3.1项被授权的监理人员处取得指示。

8. **答案：**×

解析：《公路工程标准施工招标文件》（2009 年版）通用合同条款第 11.3 款规定，在履行合同过程中，由于发包人的下列原因造成施工进度网络计划关键线路上的工作发生延误的，承包人有权要求发包人延长工期和（或）增加费用，并支付合理利润。①因变更增加合同工作内容；②因变更改变合同中任何一项工作的质量要求或其他特性；③发包人迟延提供材料、工程设备或变更交货地点的；④因发包人原因导致的暂停施工；⑤提供图纸延误；⑥未按合同约定及时支付预付款、进度款；⑦发包人造成工期延误的其他原因。

9. **答案**：×

解析：变更通常伴随工程数量的改变，但工程数量的改变并不意味着一定发生了工程变更。施工过程中，经常会出现实际工程量与工程量清单中的工程量不一致的现象，如果设计图纸不发生修改，则这种工程数量的变化是由于在编制工程量清单时对工程量估算的误差造成的，这种工程量增减并不属于工程变更的范围。

10. **答案**：×

解析：公路工程施工监理合同通用条款第 1.1.2 条规定，服务是指监理人根据监理合同所承担的工作，包括正常的服务、附加的服务、额外的服务，亦称监理服务。

其中，正常监理服务包括施工准备阶段、施工阶段、交工验收与缺陷责任期阶段的监理服务。

四、综合分析题

1. **答案**：（1）公路工程施工招标应具备下列条件：①初步设计文件已被批准；②建设资金已经落实；③项目法人已经确定，并符合项目法人资格标准要求。

（2）该项目招标过程中的不妥之处及理由如下：

①“建设单位对该项目进行公开招标”不妥。

理由：该项目建设资金还未落实，招标条件不具备。因此，不能进行招标。

②“编制了两个标底，分别用于本地和外地投标人投标评定”不妥。

理由：一个招标项目只能编制一个标底，不能编制两个标底。不能对本地和外地的投标人采用不同的评标标准，不得歧视和排斥外地投标人。

③“业主对投标人就招标文件所提问题均统一进行了书面答复，并组织了现场考察”不妥。

理由：根据招标程序，现场考察应安排在书面答复之前。

④“在投标截止日期前 10d，业主通知所有投标人，告知由于某种原因决定把某项工程从招标范围内删除”不妥。

理由：根据有关规定，若招标人改变招标范围或变更招标文件应在投标截止日期前 15d 前以书面形式通知所有投标人，而不是 10d，若时间紧迫可推迟投标截止日期。

2. **答案**：（1）变更的范围和内容如下：

①取消合同中任何一项工作，但被取消的工作不能转由发包人或其他人实施，由于承包人违约造成的情况除外；②改变合同中任何一项工作的质量或其他特性；③改变合同工程的基线、高程、位置或尺寸；④改变合同中任何一项工作的施工时间或改变已批准的施工工艺或顺序；⑤为完成工程需要追加的额外工作。

（2）变更的估价原则

①如果取消某项工作，则该项工作的总额价不予支付；②已标价工程量清单中有适用于变更工作的子目的，采用该子目的单价。③已标价工程量清单中无适用于变更工作的子目，但有类似子目的，可在合理范围内参照类似子目的单价，由监理人按合同相关条款商定或确定变更工作的单价。④已标价工程量清单中无适用或类似子目的单价，可在综合考虑承包人在投标时所提供的单价分析表的基础上，由监理人按合同相关条款商定或确定变更工作的单价。⑤如果本工程的变更指示是因承包人过错、承包人违反合同或承包人责任造成的，则这种违约引起的任何额外费用应由承包人承担。

（3）变更指示应说明变更的目的、范围、变更内容以及变更的工程量及其进度和技术要求，并附有关图纸和文件。

（4）上述背景材料中所增加的三座涵洞构成变更。

理由：合同条款规定，在履行合同过程中发生“为完成工程需要追加的额外工作”的，即构成变更。上述背景材料中所增加的三座涵洞就属于为完成工程需要追加的额外工作。

由于已标价工程量清单中有适用于变更工作的子目的，按合同条款的规定，该变更工作即采用该子目的单价或价格。